李学勤

罗哲文 俞伟超 曾宪通 彭卿云

春秋五霸争雄天下

李 默／主编

中华文明是人类历史上最伟大的文明之一，是人类文明发展的主要构成。中华文明圭富、深刻、辉煌、博大，在人类文明中的骨干作用和领导作用为人所共知。在人类文明的发源时期，中华文明就是四大古文明之一，是地球上文化的策源地之一。

广东旅游出版社
GUANGDONG TRAVEL & TOURISM PRESS
读读书·悦旅行·悦享人生

中国·广州

图书在版编目（CIP）数据

春秋五霸争雄天下 / 李默主编 . — 广州 : 广东旅游出版社 , 2013.1（2024.8 重印）
ISBN 978-7-80766-413-0

Ⅰ . ①春… Ⅱ . ①李… Ⅲ . ①中国历史—春秋时代—通俗读物 Ⅳ . ① K225.09

中国版本图书馆 CIP 数据核字 (2012) 第 257538 号

出 版 人：刘志松
总 策 划：李　默
责任编辑：张晶晶　梁诗淇
装帧设计：盛世书香工作室　腾飞文化
责任校对：李瑞苑
责任技编：冼志良

春秋五霸争雄天下
CHUN QIU WU BA ZHENG XIONG TIAN XIA

广东旅游出版社出版发行
（广东省广州市荔湾区沙面北街 71 号首、二层）
邮编：510130
电话：020-87347732（总编室）　020-87348887（销售热线）
投稿邮箱：2026542779@qq.com
印刷：三河市嵩川印刷有限公司
　　　（河北省廊坊市三河市杨庄镇肖庄子村）
开本：650×920mm　16 开
字数：105 千字
印张：10
版次：2013 年 1 月第 1 版
印次：2024 年 8 月第 3 次印刷
定价：45.80 元

出版者识

　　《话说中华文明》是一部全景式图文并茂记录中国文明历史的大书。出版者穷数年之力，会集各方力量——专家、学者、编辑、学术顾问们，在浩如烟海的历史档案、资料、著作中，探珍问宝，追寻中华文明在悠悠历史长河中的灿烂之光。此书的出版，凝聚了编撰者的心血，学术顾问们的智慧。尤其是李学勤先生，亲自动笔写下了序言，更增加了本书沉甸甸的分量。

　　中华文明的历史充满了辉煌与苦难，成就和挫折。它的历史无处不在，决定着我们中国人今天的思想和感情。当今的中国和中国人是中华文明的历史造就的，是中华文明的历史的延伸，也是它的一个组成部分，中华文明的历史之河奔流到现在。

　　中华文明是人类历史上最伟大的文明之一，是人类文明发展的主要构成。中华文明丰富、深刻、辉煌、博大，在人类文明中的骨干作用和领导作用人所共知。在人类文明的发源时期，中国就是四大古国之一，是地球上文化的策源地之一。在人类文明的早期，中华文明成为文明在东方的支柱，公元前后200年间，人类的汉帝国与罗马帝国这两只铁手攫住了地球。在欧洲进入中世纪的时候，中华文明更成为人类文明最主要的领导，它的文明统治东亚，传遍世界。进入近代，中华文明处于自身的重压和西方的欺凌下，但中国人民的斗争史和奋起精神是人类文明历史中不可缺少的一页。

　　五千年的中华文明为人类贡献出了从思想家孔子到科学技术的四大发明、从唐诗宋词到长城运河的伟大创造，贡献出了从诸子百家到宋明理学，从商周铜器到明清文学的深刻内涵，也贡献出了从五霸七强到三国纷争、从文景之治到十大武功的辉煌历史。中华文明的历史绚烂多彩，在人类文明的历史长河中永放光芒。

　　中华文明也是人类历史上最独特的文明，没有哪一个文明像中华文明这样持久，这样统一一致。世界上其他文明不但互相交错，其创造者也都与高加索体质的人种有关，它们是姐妹文明。在人类历史中，只有中华文明才是独特的，它的创造者是中国土地上的中国人民，与其他任何地方的人民都没有关系，它的文化是统一一致的文化，可以不依赖于其他任何文明而生存，但中华文明也绝不是封闭的，它接受他人的文化，也承担自己对于人类的责任。

　　人类进入新世纪，中国的社会经济发展令世人瞩目。人们对于世界未来的政治和经济结构的估计无不以东亚和太平洋为中心，而尤以中国为重点。

　　经济起飞只是当代中国的一个方面，中国的精神文明的建设尤为刻不容缓。如果中国要自觉地发展中华文明，要有意识地使中国的发展具有世界意义，就必须发展强有力的精神文化，这样才能使中华文明的发展进入一个新的阶段，才能形成中国和中华文明的全面现代化。

而中国的精神文化的发展植根于中华文明的伟大传统之中。进入近代之后，在西方文化的冲击下，对于中国文化的价值产生大量的情绪化和激烈冲突的论调。"五四"运动打倒孔家店的口号具有冲破封建束缚的时代意义，对中国文化的发展有不容否认的正面意义，与文化虚无主义是完全不同的。文化虚无主义者否定中国传统文化，在现代化的旗帜下主张全盘西化；而复古主义则沉迷于中国文化的古董，走进反进步、反科学的泥潭。

历史的发展则超越了所有这些论点，产生这些论调的一百多年来的中国近代史已经结束。历史要求中国发展，要求中国走在全世界发展的前列。西化论和复古论都已过时，历史已经要求世界超越西方，中国可以承担起世界的命运，而中国的现实和世界的历史都说明，中国的使命在于它的发展前进，而非倒退。

中华文明走出迷惘的时代，我们这一代处在一个伟大而具有挑战的历史阶段。

总结历史、展望未来，这就是《话说中华文明》的意义和使命。我们创作《话说中华文明》，力求总结和回顾中华文明的全貌，在内容和形式上都开创一个新的局面。在内容结构上，既具有一定的深度，又具有相当的广博性，既有严谨、准确的学术价值，又有活泼、流畅的可读性。我们在本丛书内容纳了中华文明的各个方面，使它综合了大规模学术著作的系统性、严密性和普及读物的全面性、简易性，它既可作为大型工具书检索中华文明的各个成分，又可作为通俗的读物进行浏览。

我们从上世纪90年代初起就开始思考中华文明的历史和现实问题，并逐渐形成了编著《话说中华文明》的设想。在开展这项庞大的文化工程之始，我们就聘请了国内权威学者李学勤、罗哲文、俞伟超、曾宪通、彭卿云诸先生担任学术顾问，他们对计划作了充分讨论，并审阅了大量初稿。我们聘请了广州、香港地区的社会科学学者、大学教师、研究生以及我社编辑人员几十人担任稿件的撰写工作。

通过创作这部书，我们深深地感受到了中华文明的博大精深，也感受到了它的内在缺陷。中华文明具有辉煌的时期，也有苦难的年代，有它灿烂的成就，也有其不足的方面。中华文明在自身中能够吸取充分的经验和教训，就能够使自身健康壮大，成长发展。

通过创作这部书，我们也深深感受到了出版事业的使命和重任。我们希望这部书能受到广大读者的喜爱，起到它所应当起的作用。为中华文明的反省、前进和奋起作一点贡献。

目　录

春秋五霸争雄天下

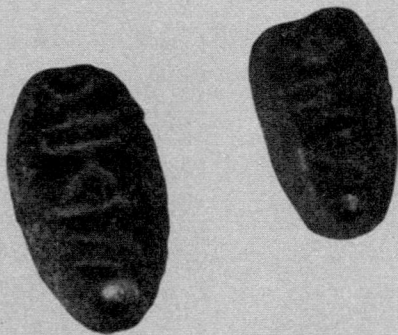

春秋

770 ~ 751B.C.

春秋

770B.C. 周平王元年

晋文侯、郑武公、卫武公、秦襄公率兵护送平王，入于雒邑。自是年起史称东周。

周平王赐秦襄公以岐山以西之地，秦始列于诸侯。

769B.C. 周平王二年

郑武公与王子多父灭郐而有其他，郑东迁。

秦作西畤，祠白帝。

767B.C. 周平王四年

郑人灭虢。

766B.C. 周平王五年

秦襄公攻戎，至岐而死，子文公立。

763B.C. 周平王八年

秦文公率兵七百人东猎。

秦文公大败戎师于岐，收周之余民而有之。地至岐，岐以东献于周。

760B.C. 周平王十一年

曹惠伯卒，子硟立，其弟武杀之代立，是为穆（曹世家作缪）公。

758B.C. 周平王十三年

楚霄敖卒，子熊眴立，是为蚡冒。

卫武公年九十五，犹箴儆于国。

757B.C. 周平王十四年

郑庄公寤生生。

753B.C. 周平王十八年

秦初有史以记事。

776B.C.

首次有文字记载的奥林匹克运动会举行。

753B.C.

相传罗慕路与勒莫兄弟二人于此年建立罗马城，罗马人以此年为罗马史之元年。

公元前八世纪中叶，乌拉尔图仍极强盛，在战争中虏获大量奴隶与财富，建立庞大水利系统，种植谷物与葡萄。其手工业以冶制青铜武器与青铜器称著。

希腊人定居西班牙海岸。

伊特拉斯坎人移居意大利，带来了高度的城市文明。来自彼奥提亚的希腊诗人赫西俄德名著：《诸神谱系》（创世和诸神神话集）、《劳动与光阴》及《海拉格立斯的盾牌》。

巴比伦音乐出现五音阶和七音阶。

周王室东迁·东周开始

周平王元年（前770），犬戎之乱后的周都镐京残破狼籍，而且靠近西戎，于是新即位的周平王决定迁都，在晋文侯、秦襄公、郑武公、卫武公等诸侯的护送下，周王室东迁于雒邑（今河南洛阳），此后的周王朝就称为东周。东迁之后的周王朝迅速丧失了作为王室的权威，基本上不能再控制诸侯，其势力范围局限于以雒为中心的方圆不过六百余里的区域，实力在中等诸侯之下。

春秋前期水兽面纹盉。越青铜文化中仿铸中原产物。

伴随着其政治、军事权威的丧失，以周王朝为标志的西周礼制、法制和文化制度迅速崩溃，诸侯不再听命于周天子，任意攻伐，中原陷于混战局面，以军事实力争取政治、经济利益成为政治的主要目的和手段。同时，礼崩乐坏，周王室不再能享有独占九鼎、巡狩天下的特权，而诸侯，甚至卿大夫超越本分冒用天子礼制的事时有发生。

周礼制和政治统治在东周的崩溃迅速改变了中原政治和文化的格局，西周的专制、单调的政治结构

春秋列国简图

春秋前期鲁侯鼎　　　　　　　　　　　春秋前期曾伯文罐

结束，各种地方势力、各个阶层突破桎梏，竞相发展各自的势力，天子与诸侯之间、诸侯与大夫之间、父与子之间、兄与弟之间展开了激烈的斗争，各种势力都得到了发展，使中国的政治、经济面貌发生了很大变化。而礼崩乐坏也促进了文化的繁荣，一进入东周，西周青铜器铸造在样式、花纹、铭文格式、文字风格上的大致统一就被打破，出现各种地方风格，春秋战国文化迅速繁荣。

周王室东迁，东周的建立就是从西周政治和文化的专制、沉寂向春秋战国的政治和文化的自由、繁荣的过渡标志，而周王室的衰微也是这一转机的必要条件。

诸侯国兴起

周王室的恢复和东迁完全依靠诸侯的势力，诸侯在周王室权威丧失的时候迅速登上政治、军事舞台，填补权力真空，成为中原的决定性力量。东迁以后，周王室对诸侯的实际控制基本丧失，残存的尊严和名义上的权威也被诸侯攫为己有，晋和郑在东周初年操纵着周王室的权力，挟天子以令诸侯，郑由此发展为春秋第一个小霸。

东周初年，中国的大小诸侯多达120多个，由于周王室失去了对它们的控制，它们便各自为政，利用各种手段谋取政治和军事利益，开始了春秋混战。在混战中，一些势力较强的国家不断吞并小国，膨胀起来。

前768年，齐灭祝，开始了诸侯之间的吞并。以郑、秦、齐为代表的诸侯势力开始发展，它们决定了春秋的政治格局，并影响了春秋和战国时代中国经济、文化的发展。齐桓、晋文、管仲、子产之类的诸侯政治家在诸侯兴起的环境中对中国的政治、经济、法律、军事和思想的发展作出了重要贡献。

秦国崛起

前770年，秦庄公的儿子秦襄公因护送周平王东迁洛邑有功，被平王封为诸侯，并将岐山（今陕西岐山县东北）以西之地赐秦，秦国迅速崛起。

秦是古代嬴姓部族中的一支，祭祀少皞。嬴姓祖先大费，传说是女脩吞玄鸟卵而生，曾辅佐禹治水。商代末年，嬴姓有叫中潏的一支住在西戎之地，其子蜚廉、孙恶来均辅佐商王纣。西周中期，中潏的后代大骆居西犬丘（今甘肃天水西南、礼县东北），生了

战国石鼓。石形如鼓，共有10石，文字内容为记述游猎的10首诗。图为《銮车》，是其中一块。这是战国现存最早的一组石刻。

两个儿子：成与非子。成为嫡子，继承大骆，住在西犬丘。非子为周孝王养马有功，被孝王封于"汧渭之会"（汧、渭二水交会处）的秦（一说在今甘肃清水一带，一说在今陕西宝鸡县境内），从此非子这一支就以秦为氏。周厉王时，西戎攻灭西犬丘的大骆之族。周宣王即位，派非子的曾孙秦仲为大夫讨伐西戎，结果秦仲战死。秦仲的儿子秦庄公后来攻破西戎，收复西犬丘后定居这里。这是秦建国的开端。

春秋早期，东周迁出今陕西境内后，秦致力于伐戎，收复周故地。前766年，

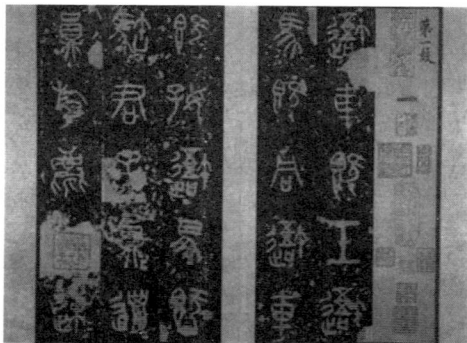

石鼓文拓片。石鼓文是大篆体，我国最早的刻石文均用此体。

石鼓文拓片

秦襄公伐戎至岐身亡，其子秦文公继位。前762年，秦文公收复汧水、渭水交会处的秦故地，又迁都于此。

秦领土是西周的故土，秦在很多方面继承了正统文化。并且在春秋时代文明兴起的浪潮中走在前列。

在军事上，秦积极拓展领地。秦的疆域最初主要在今甘肃东南和陕西西部的渭水流域，后逐渐并灭今陕、甘境内的西戎各部，沿渭水东进，逾黄河和崤函之塞，进攻三晋；逾今陕西商洛地区进攻楚；逾今陕西汉中地区，进入巴蜀，并从巴蜀进攻楚。

前753年，秦开始有史记事，民众亦开始接受教育。前746年，秦法律开始有父、母、妻三族之罪。我国现存最早的刻石文字石鼓文，歌咏了秦国君游猎、战争的情况。

从此，秦由僻居于西部一隅之地的小国，一跃而成为与中原诸国匹敌的诸侯。

秦文公建新都

秦文公时期，秦国有较大发展。秦文公三年（前763），秦文公率兵700人往东方打猎，次年秦文公收复汧水与渭水会合之地（今陕西眉县附近），秦人的祖先非子曾被周王朝封赏，在此处建造城邑，此后，秦又在此发展势力，终得列为诸侯。秦文公欲在此建城，便命人占卜，得吉兆，于是动土营建城邑，作为秦国向东发展的据点。前761年，新城邑建成，秦文公迁都于此。秦文公十六年（前750），秦文公率兵伐戎，打败戎人，将散亡的周族之人聚拢，置于秦的管辖之下。秦国的辖地到达岐（今陕西岐山县东北）。秦文公将岐以东之地贡献于周，以表敬意。

秦文公游猎、战争的情形，与现存最早的刻石文字石鼓文中所歌咏的内容极为相似。这种记录不仅是单纯的历史记录，而且将当时一种意气风发、奋发向上的浪漫情调附会渲染，体现出新文化之初的新气象。

中国文学作品现存最早的实物——石鼓文

石鼓文可能是战国时代秦国的石刻。唐初在天兴（今陕西宝鸡三畴原）发现了10块被刻成鼓形的石头，上面用籀文各刻有四言诗一首，内容为记录、描写秦国君游猎、战争的情况，因此石鼓文又称"猎碣"。

10件石鼓文，原文700字以上，现仅存272字。传世最好的拓本，是明人旧藏的3种北宋拓本，分别称为先锋本、中权本和后劲本。

石鼓上的刻诗与《诗经》大小雅的风格接近，特别是在格调上与《大雅·车攻》等篇极为相似，这说明秦人保持了西周的正统文化。研究者依《诗经》的体例，取石鼓各篇起首文字作为篇名，有《汧沔》、《霝雨》、《而师》、《作原》、《吾水》、《车工》、《田车》、《马荐》、《吴人》等名，但在各篇具

秦公编钟。春秋前期乐器，共五枚，为一编，纹饰相同。甬上端饰四条小龙，干饰变形雷纹，施饰鳞纹，舞饰变形夔纹，篆饰鸟纹，鼓间饰相对变形卷龙纹。全篇铭文共135字，记述秦先祖功业。

体排列次第上尚有不同意见。

关于石鼓文的字体，一般认为近于《说文》所载的籀文，它是秦国特有的风格，在书法史、文学史上都有重要地位。字形多取方或长方形，体势整肃，端庄凝重，清劲挺拔，在书法艺术上有较高的价值；笔力稳健，刻工精密，雍容和穆，遒劲自然。石与形、诗与字浑然一体，充满了古朴雄浑的美感。

关于石鼓的制作年代，唐以来学者的意见就不一，到近代才开始一致认为是东周时秦国所刻，但诗文可能作于更早时代。

春秋早期青铜器

云纹牺尊，器出自虢墓。西虢原封在今陕西宝鸡，西周覆灭后随王东迁至河南三门峡一带。此尊继承西周动物形尊传统，但造型已有不同。

春秋早期青铜器形制和组合与西周晚期基本相同，纹饰也沿袭西周的特点。这一阶段代表器物有山东黄县南埠出土的纪国媵器、河南三门峡上村岭出土的虢国青铜器、湖北京山苏家垅出土的曾国青铜器、山东烟台上夼出土的纪国青铜器、山东历城百草沟出土的鲁国媵器及湖北随县熊家老湾出土的曾国青铜器等。列国青铜器大量增加，超过了王室及其大臣所作的青铜器，开始呈现出多种风格争奇斗妍的新形势。

晋国的青铜器是中原的代表，周、卫、鲁、齐等地的器物风格与之接近。

秦国的青铜器虽然也上承西周的统绪，但由于长期独立发展，形成了自己的一套风格，如陕西宝鸡太公庙的秦公钟、镈，甘肃天水的秦公簋，形制、纹饰都有特点，与东方有别。它们的铭文字体，继承西周晚期的虢季子白盘，也构成独特的传统。

南方的楚国，随着自己的壮大，其青铜器受中原因素的影响逐渐减少，慢慢建立起自己的风格，而且对自己周围各诸侯国起着影响作用。

江淮下游的徐、吴、越三国，青铜冶铸工艺均很发达。特别是徐国的礼

侯母壶。壶同出共一对，出自鲁司徒仲齐墓。从墓中青铜器形制看，应属春秋初，
某些器物也可能早至西周晚年。此壶造型特异，编织纹类于山东烟台上夼、湖北
随县熊家老湾的壶，后者也是春秋初器。

垂鳞纹方彝。此器为最晚的方彝，其形制、装饰尚可看出商至西周方彝的痕迹。
夔纹带到此时也成为孑遗。

黄朱枳鬲。鬲与曾侯仲子父同器同出。曾国姬姓，学者多认为即文献中
的随国。曾、黄通婚，此鬲系黄人所造。其袋足呈倒圆锥形，有南方的
特色。

象首兽纹簠。盖器基
本同形，均有两兽形
耳，两兽形小足，使
盖可却置。簠面饰象
鼻兽纹，边饰以S形
云纹。花纹细致，耳
足玲珑剔透，有较强
的艺术性。

器制作精美，吴、越的兵器尤为精良，当时名闻天下。

春秋早期的青铜器，在秦以东还是比较一致的，地域虽不同，但组合和形制却多近似，纹饰仍以窃曲纹、重环纹、鳞纹、瓦纹等为主。这是西周晚期风格的延续。青铜器新的发展方向仍在孕育中。

卫武公求谏

前758年，卫武公年龄达95岁，仍然保持他求谏于国的作风。卫是姬姓诸侯国。西周初，周公平定东方殷商故土的叛乱活动后，任命其弟康叔封坐镇河、淇间以控驭东方。他对康叔封谆谆告诫的治国方针，均保存在《尚书》的《康诰》、《酒诰》、《梓材》等名文中。康叔封初封于康（今河南禹县西北），后改康为卫。西周末年，卫武公在政治上甚为活跃，周平王东迁也曾得到他的支持。春秋之初，卫国成为东方的大国。卫武公说："虽然自己年纪已老，但文武百官都没有嫌弃我，日日夜夜陪伴我周围，为国家大事出点子、提建议。"这种以为国、为民为目的，纳谏为手段的治理国家方式受到人民的欢迎。同年他逝世，在位55年。卫国人民为纪念他的功德，写了一首诗《淇澳》，歌颂他风度庄重心胸宽大，威武英俊容光焕发；赞美他善于说笑、爱逗趣但不粗俗，神采奕奕的样子有如精金纯锡、玉圭白璧；诗中写到：

蟠龙纹盘。今郏县春秋初年属于郑国，蟠龙纹盘的纹饰风格远承商代，到这时重又流行，这一件颇为典型。

> 瞻彼淇澳，绿竹猗猗。
>
> 有匪君子，如切如磋，
>
> 如琢如磨。
>
> 瑟兮闲兮，赫兮咺兮，
>
> 有匪君子，终不可谖兮。
>
> 大意是，在淇水涯岸上能看到猗猗绿竹，有君子磋磋琢磨以致力于求进，其仪容威严喧赫。

春秋

747B.C. 周平王二十四年

秦作陈宝祠，祠宝鸡。

746B.C. 周平王二十五年

秦初用族刑。

745B.C. 周平王二十六年

晋昭侯封其叔父成师于曲沃，晋由是分裂。

741B.C. 周平王三十年

楚蚡冒卒，弟熊通杀蚡冒子而自立，是为武王。

739B.C. 周平王三十二年

晋大夫潘父杀昭侯，而迎曲沃桓叔（成师）。桓叔欲入晋，晋人发兵攻桓叔，桓叔败归曲沃。
晋大夫共立昭侯子平，是为孝侯。

733B.C. 周平王三十八年

卫桓公弟州吁骄奢逾制，桓公绌之，出奔。

724B.C. 周平王四十七年

晋曲沃庄伯入翼杀晋孝侯，晋大夫逐曲沃庄伯，立孝子郤，是为鄂侯。

722B.C. 周平王四十九年

鲁国编年史"春秋"始于是年。

《春秋》记事用干支记日，此后中国古代之干支记日从未间断，为世界上使用最长的记日法。

五月，郑庄公之弟太叔段将自京袭郑，郑庄公使公子吕伐京，克之于鄢，太叔出奔共。

九月，鲁与宋盟于宿。

721B.C. 周平王五十年

春，鲁隐公会戎于潜。

十二月，郑攻卫。

745B.C.

王梯格拉——比里萨三世即位。他是亚述军事霸国的建立者，征服全部叙里亚，包括大马士革国，
并将巴比伦合并于亚述，自称巴比伦王。

埃及第二十三王朝。此时埃及南北分裂，同时有两个法老，此外又有许多地方统治者。

736B.C.

希腊第一次米西尼亚战争约于此年开始。米西尼亚人经过长期战争，终为斯巴达征服。

722B.C.

亚述王萨刚二世灭以色列国，并灭当时残存于卡赫眉什地区之赫梯公国。又彻底击败乌拉尔图。

希腊人开始定居意大利南部。

凯尔特人移居英格兰。

巴比伦天文学懂得行星的运动。

鲁国开始编《春秋》

《春秋》书影

周平王四十九年（前722）春天，鲁国开始编《春秋》。《春秋》是鲁国国史，也是中国现存先秦典籍中年代最早的编年体史书。它的记事以鲁国十二公为序，起于鲁隐公元年（前722），终于鲁哀公十四年（前481），共242年。《春秋》文笔简约如大事记，而242年间诸侯攻伐、盟会、篡弑及祭祀、灾异、礼俗等，都有记载。它所记鲁国十二公的世次年代，经后人考证完全正确；所载日食与西方学者所著《蚀经》比较，互相符合的有30多次。因为《春秋》是史官实录，所以价值极高，后人不仅可以从中了解史实，而且可以了解中国史源远流长，至少到西周时，已经有较为完备的史官记事制度。在鲁国编《春秋》之时，其他诸侯国也都设有史官撰写本目的编年史，鲁《春秋》之所以传世，被认为是孔子呕心沥血编订的结果。据说孔子在编订《春秋》时，在字里行间寓寄了自己的思想和主张，创立了后人所谓"微言大义"的"春秋笔法"。

《春秋》是中国史传散文的第一部作品，它开创了一种新的文学体裁；同时，为后来诸子百家竞相著书立说开了风气之先。

春秋前期曾中斿父方壶

螭虎纹镜（正面）。此镜镜面略凹，或以为是取火用的阳燧。

螭虎纹镜（背面）。镜背圆钮座周围有两虎相对环绕，其外有一圈螭纹，有的龙首，有的鸟头，设想奇异。

阳燧使用

中国最早利用太阳能是周代使用的"阳燧"（凹面镜）聚集太阳光取火。

"阳燧"又名"夫燧"。《淮南子·天文训》和崔豹《古今注·杂注》记载，中国的祖先很早就能够用金属尖底杯或用铜制的凹镜向日取火了。河南三门峡上村岭出土的螭虎纹镜，是春秋早期的器物。其镜背圆钮座周围有两虎相对环绕，其外有一圈螭纹，有的龙首，有的鸟头，设想十分奇异。此镜镜面略凹，是取火用的阳燧。

秦国开始有诛三族之刑

周平王二十五年（前746），秦初有诛三族之法。关于三族有不同的说法，一说是父母、兄弟、妻子，一说是父族、母族、妻族，不论哪一种说法正确，诛三族都是一种由一人诛连全家族的严酷刑法。

中国上古的刑法大都来自传说，秦的诛三族之法是较早的有确切记载的刑法。秦国重视法律特别是刑法的传统由此形成，并影响了战国、秦汉及古代中国的法律形成。诛三族之刑也表现了秦国法律严酷的特点，这一点成为秦国和秦代文化的特征，秦的残暴成为中国历史上的一页。

郑国发生共叔段之乱

郑庄公之弟共叔段谋兴兵叛乱被郑庄公击破。

共叔段是郑武公次子，其母武姜厌恶长子寤生，喜爱共叔段，多次请求郑武公立共叔段为太子，武公未同意。郑武公死后，寤生继位为郑庄公（前744）。武姜请郑庄公将制（今河南荥阳汜水镇）邑赐给共叔段。郑庄公表示制邑地势险要，虢叔曾经死在那里，所以不能赏赐。除制邑之外，其他地方则唯命是从。周平王四十九年（前722）武姜请求把京（今河南荥阳东南）给共叔段，得到允许，共叔段于是居住在京，人称"京城大叔"。郑大夫祭仲认为，都邑的城垣周围超过三百丈，就将成为国家的祸害，因此，先王曾定下制度：大的都邑，不超过国都的三分之一；中等的，不超过五分之一；小的，不超过九分之一。

春秋时期的铁头盔。甲胄是疆场自我保障手段之一，在冷兵器时代中作用明显。甲胄的制造与使用，与生产、战争艺术的发展有密切关系。

现在共叔段居住在京，修筑京的城墙，远远超过先王的规定。长此以往，国君将不堪忍受。郑庄公对此不加干涉，他认为："多行不义必自毙。"共叔段于是肆意扩展私家势力。不久，共叔段命郑国西部和北部边境地区同时听自己指挥。郑大夫公子吕向郑庄公表示，一国之臣，不能两面听命，若庄公打算让位于共叔段，那么就去侍奉他；反之就应该除掉他，不要使百姓产生其他想法。郑庄公依然不加干涉，共叔段更加肆无忌惮，收取两属之地作为自己封邑，所控制的地域扩大到廪延(今河南延津县北)，足以与郑庄公相匹敌，俨然如一国二君。

周平五四十九年(前722)五月，共叔段整治城郭、积聚粮食，修补装备武器，充实步兵战车，准备袭击郑国都城，又联络都城中的武姜为内应，届时打开城门。郑庄公闻知共叔段起兵日期，便命令郑大夫公子吕率领200辆战车攻打京城。共叔段兵败，逃奔到鄢(今河南鄢陵县北)，郑庄公又率兵追击，大胜。此年五月，共叔段逃奔于共(今河南辉县)邑居住。郑庄公将欲作共叔段内应的武姜安置到城颍(今河南临颍县西北)居住。武姜是郑庄公之母，所以郑庄公虽憎恨她，但未对她施加刑罚，只是发誓，不及黄泉，不再与她相见。过了一年多，郑庄公思念母亲，郑国大臣考叔便借郑庄公宴请他的时机，进谏国君应该尽孝道，并建议开挖地道，在地道里与武姜相见。郑庄公采纳了考叔的建议，与母亲相见修好。

春秋车战兴极而衰

原始社会的战争主要是步战，直到商代前期，步战仍为主要的作战方式，但到商代晚期，步战方式已开始逐渐让位于新崛起的车战。武王伐纣时，革车300乘，虎贲3000人。进入春秋以后，车战趋于鼎盛。此时，由于人口的增加，生产力的发展，诸侯国之间兼并战争的连绵与加剧，战争规模愈来愈大，各国对战车日益重视，拥有的战车随之大增。齐鲁等大诸侯国，有战车千乘以上，中等诸侯国如郑宋也有战车数百乘，到春秋末期，一些大诸侯国，如晋国、楚国，拥有战车更高达4000乘以上。车战成为春秋时期的主要战争形式。

战车的种类繁多，主要分为攻车与守车两种，攻车一乘，配备甲士3人，及固定数目的步卒。守车一乘，包括广车、轷车各一，徒役数十人，以作阵线中据守之用。

春秋时期，车战战术有了显著进步。首先，车战阵形有了很大发展，已经普遍地采用了中军和左翼、右翼三部分相配置的宽正面横向阵形。一般以中军为主力，两翼相配合。城濮之战中的晋军、楚军皆以此阵应战。其次，出现了初级的野战防御方法，即设营垒以阻碍战车冲击。再次，战术观念发生巨大变化，破除早期战争重信轻诈的传统，常发动出其不意的进攻。

春秋中期以后，由于争霸战争的新局面，作战地域扩大到中原以外地区，这些地区大多不适于车战，与此同时，拥有大量步兵的新型军队开始组成，而铁兵器的采用和弩的改进，又使步兵得以在宽大的正面上有效遏止密集的车阵进攻。到了战国时期，车战进一步衰落，逐渐为步兵、骑兵所取代。

晋国发生曲沃之乱

晋文侯去世以后，其子继位为晋昭侯。周平王二十六年（前745）封叔父成师于曲沃（今山西闻喜县东），曲沃城邑的规模超过晋的都城——翼（今山西翼城县东南）。成师号称桓叔，又称曲沃桓叔，受封时年已58岁，喜好德义，晋国民众多归附他。曲沃桓叔的势力逐渐超过晋君。晋人认为，晋国本末倒置，日后必定发生祸乱。

周平王三十二年（前739），晋国大臣潘父弑杀晋昭侯，派人迎接曲沃桓叔入晋都。晋人不愿，遂发兵攻打曲沃桓叔。桓叔败退曲沃。晋人共立晋昭侯之子平为君，即晋孝侯。孝侯继位后，诛杀潘父。

曲沃桓叔死后，其子鳝于周平王四十年（前731）继立，称曲沃庄伯。周平王四十七年（前724），曲沃庄伯攻入晋的都城翼（今山西省翼城县东南），杀晋孝侯。晋人攻打曲沃庄伯，迫使他退归曲沃。晋人立孝侯子郄为晋鄂侯。前718年，晋鄂侯卒，曲沃庄伯再次兴兵伐晋。周平王派虢公率兵援晋，曲沃庄伯败退曲沃。晋人于是立鄂侯子光，即晋哀侯。周桓王四年（前716），曲沃庄伯卒。

自晋昭侯于前745封曲沃之后，曲沃势力渐强，成为晋君的大患，至前724，曲沃伯杀晋孝侯，这一隐患终于发作。

曾侯簠

　　曾侯共 4 行 26 字，是春秋早期姬姓的曾国（同时代还有一个姒姓的曾国）为叔姬所作的媵器，记录了春秋早期曾、黄、邛三国联姻的事实。曾国之女叔姬嫁与黄国，而邛国的芊姓女来媵，是西周宗族制在春秋早期的延续。

春秋出现皮制甲胄

曾侯簠铭文

　　商代的胄用青铜铸造，甲则多用皮制。西周时期也用铜胄，并出现了整片的青铜胸甲和用青铜甲片相缀联的身甲。至春秋时期，皮甲的制造工艺有了突出发展，于是甲胄都用皮革（牛皮或野牛皮）制成。制作方法是先将皮革加工作成小甲片，涂上漆，然后用丝绳缀联成甲、胄。甲的防护部位达到胸、背、腹、胯、颈项和胳膊。

春秋末年的甲片漆皮，是春秋时期征战的珍贵历史物证。

019

楚熊通自立为武王

周平王三十年（前741），熊通弑其兄楚君虫分冒取而代之，即位为楚武王。周桓王十四年（前706）熊通讨伐诸候随，使随向周王请求晋封楚国，周桓王未加理睬。周桓王十六年（前704）熊通恨周王室不予晋封，于是自封为武王，和随人结盟，开始开发濮地（今汉水长江以南）。周庄王七年（前690），熊通死于伐随的途中。

春秋战国时期征战频繁，兵士的作用尤为突出。这是春秋战国时期的皮甲胄复原模型。

春秋爱情生活

春秋时代的爱情生活也显示出了一种多彩多姿的气象，其典型代表就是郑卫之声的兴盛，郑卫之声反映了普通人民对爱情的追求，是在旧礼制崩溃的文化氛围下，感情生活的丰富和自觉。郑风中的溱洧和邶风中的静女是其代表。

春秋时期，郑国（今河南省中部）在上巳（夏历三月上旬逢巳的日子）这一天，青年男女都到溱、洧两水岸边游春。在那里，他们可以自由地互赠芍药、表示相爱。《溱洧》写的就是这种欢乐的情景。篇幅虽短，却颇有魅力。

溱与洧，浏其清矣。士与女，殷其盈矣。女曰："观乎？"士曰："既且。""且往观乎！洧之外，洵讦且乐。维士与女，伊其相谑，赠之以芍药。"

全诗仅有两节，章法也相同。都是先写背景，再叙述男女对话，最后点出互相爱慕的主题。写背景扣紧溱、洧两水的特点：一是水势盛大（涣涣），二是水色清亮（浏）。叙述话语言简练，情深意长。女的说："看看去好吗？"男的说："已经去过了。"女的又说："再看看去吧，湖水那边，真是既热闹又使人高兴啊。"写青年男女互相爱慕则用"伊其相谑，赠之以芍药"两句，来表现两性间质朴、纯洁的感情。

　　郑风中的子衿描写一位热恋中的姑娘在约会地点，久候情人不至的情景。她急不可待，一天没有见面就仿佛隔了三个月一样。她想起情人的青色衣领和佩饰，此时一腔怨情不禁油然而生：纵使我不去，你道就不能来，怎么全无音讯！全诗对这个热恋中的少女缠绵幽怨的心情刻画得细腻入微。

　　青青子衿，悠悠我心。纵我不往，子宁不嗣音？

　　青青子佩，悠悠我思。纵我不往，子宁不来？

　　挑兮达兮，在城阙兮。一日不见，如三月兮！

　　诗中说，你的领颜色青青，我的心情思绵绵，纵使我没有去你那里，难道你不能捎个信给我吗？

　　你的佩饰颜色青青，我的心情思绵绵，纵使我没有去你那里，难道你不能来吗？

　　我急躁地在城门楼走来走去，一日不见如三月啊！

720 ~ 701B.C.

春秋

720B.C. 周平王五十一年

四月，郑庄公派其臣祭足率兵侵周，取温之麦，秋又取成周之禾，周郑遂成仇敌。

719B.C. 周桓王元年

春，卫州吁杀其君卫桓公而自立。九月卫臣石碏杀州吁。十二月，卫立桓公弟晋，是为宣公。

718B.C. 周桓王二年

秋，曲沃叛王，王命虢公伐曲沃，而立鄂侯子光于翼，是为哀侯。

712B.C. 周桓王八年

秋，郑灭许。

周桓王将属于郑国之邬等地据为己有，而以温、原等地与郑，作为交换。

十一月，鲁隐公为大夫翚所杀。隐公弟允即位。

710B.C. 周桓王十年

正月，宋大夫华督杀大司马孔父与宋殇公，立公子冯，是为宣公。

709B.C. 周桓王十一年

春，晋曲沃武公虏哀侯，晋立哀侯子小子为君。

707B.C. 周桓王十三年

正月，陈桓公卒，桓公弟佗杀太子免而自立。

蔡、卫、陈三国从周桓王伐郑，战于繻葛，周师败绩。关队射王中肩。

706B.C. 周桓王十四年

蔡人杀陈佗，而立陈桓公子，是为厉公元年。

705B.C. 周桓王十五年

冬，曲沃武公杀晋小子侯。

704B.C. 周桓王十六年

楚武王三十七年，始自称王。

703B.C. 周桓王十七年

秋，周命虢仲、芮伯、梁伯、荀侯、贾伯伐曲沃。

701B.C. 周桓王十九年

五月，郑庄公寤生卒，子太子忽立。九月，公子突自宋入郑，忽奔卫，突自立，是为厉公。

705B.C.

亚述王萨刚二世死，其子西奈哈里布继位。于是古代东方国如巴比伦、腓尼基诸城邦，巴勒斯坦、叙利亚、埃及，以及小亚细亚方面诸国皆臣服于亚述，亚述成为西亚空前大国。

大起宫殿于尼尼微城。

周郑交恶

平王五十一年（前720）四月，周、郑关系交恶。

周王室东迁。主要依靠郑、晋的力量，故周、郑关系甚密。郑桓公、武公、庄公三世为周室卿士，而郑的国力又日益强盛，所以庄公的行为渐渐骄慢，另一方面姬宜臼也担心朝政大权会被庄公操纵控制，双方渐生嫌隙。姬宜臼为削弱庄公的权力，准备将一部分事权交虢公掌管。被庄公事先得知，当面质问姬宜臼，姬宜臼畏惧庄公，只好否认此事。但庄公不信，于是"周郑交质"，姬宜臼与庄公各把自己的儿子作为人质交与对方。周郑

郑伯盘铭文

交质，说明周王已完全丧失天子的威信，连形式上的君臣之别也很难保有，周、郑的关系也已经相当紧张，快到公开破裂的地步了。三月，姬宜臼死，子姬林（周桓王）继位，郑国当年两次派兵强割周王畿内的庄稼以示威，姬林对郑采取强硬态度。周桓王三年（前717）郑庄公朝周，姬林故意对他无礼，以为报复。二年后又任命虢公忌文为周室右卿士，以分庄公之权。庄公此时意识到与王室交恶对自己并不有利，转取忍让态度。姬林气盛，见到郑的退让，便试图

就此大张王权。周桓王八年（前712），他行使两周时期天子予夺封邑的权力，用本不属于王室所有的苏氏12邑换取郑之4邑，郑国实际损失了4邑。后又索性免除郑庄公的左卿士职位，郑庄公于是不朝。秋天，姬林率周军及蔡、卫、陈等诸侯之师伐郑，郑庄公率郑军抵抗，双方战于繻葛（郑地，今河南长葛）。周军摆的是商周以来的传统阵法。郑大臣子元根据周军的部署，提出避强击弱的战法，摆下鱼网之阵，以25辆战车为一个单位，创步兵与战车结合的战法，先击溃蔡、卫、陈等诸侯的军队，然后全军合攻周师。周师大败，姬林的肩膀受伤。当晚，郑庄公派大夫祭足去慰问受伤的姬林。

周天子亲自率军队与诸侯大战，这是春秋时期仅有的一次。而战争的结果并未能如姬林本来意愿的那样大张王帜，反倒是周军大败，姬林负伤，使王室蒙受了极大的羞辱，从此，周王室再无力支撑局面。

郑庄小霸

郑庄公一生战绩显赫。

继平王四十九年（前722）在鄢平定太叔段的叛乱之后，郑庄公不断增强国力，周桓王三年（前717），又率军入侵陈，俘获大批财物。而周桓王六年（前714）因宋殇公不去朝见周桓王，作为周王朝卿士的郑庄公以王命率军伐宋，声讨宋殇公不朝周桓王之罪，郑打败宋国军队。同年，北戎出兵侵扰郑国。郑庄公率兵抵御，将戎军全部歼灭，大获全胜。周桓王八年（前

郑伯盘。春秋前期。盥洗器。敞口，浅腹，圈足。口沿置两鸟形立耳。腹饰蟠龙纹，呈回字状。圈足饰透雕鳞纹。盘内饰有游鱼两周。盘内正中有铭文十四字，记郑伯作盘。

712）郑庄公讨伐许国，攻下许国都城，许庄公仓惶出逃至卫国。周桓王十三年（前707），周桓王因郑国不对周行朝觐之礼，带领诸侯伐郑，郑庄公出兵抵御。双方军队在繻葛交战，郑军摆下鱼网之阵，先击溃诸侯联军，然后全

军合攻周师，周师大败，繻葛之战，使周天子威风扫地，郑庄公声威大振。宋、卫等宿敌都来讲和。

周桓王十九年（前701）郑庄公与齐、卫、宋等大国诸侯结盟，俨然已是诸侯霸主。后代史家称之为"郑庄小霸"。郑庄公在春秋纷争中脱颖而出，开春秋五霸之先声，是春秋早期最有声色的政治家。

《何彼秾矣》

这是采于召南的一首民歌，颂扬了一位贵族子弟，他是周平王的外孙，齐侯的儿子。诗中用唐棣之华和桃李来比喻他的华美，他乘坐肃雅的车子冶游。虽然无法具体知道他的名字，但是诗中所描绘的形象却使人难忘。

何彼秾矣，唐棣之华，曷不肃雍？王姬之车。何彼秾矣，华如桃李，平王之孙，齐侯之子。

其钓维何，维丝伊缗，齐侯之子，平王之孙。

卫国发生州吁之乱

周桓王元年（前719）春天，州吁用逃亡在卫国的武士为军事骨干，偷袭并杀害桓公。州吁是卫国庶公子，自小喜欢弄武，很受父亲卫庄公的喜爱，恃爱目空一切。卫国大夫石碏劝庄公约束州吁，卫庄公不听。石碏的儿子石厚和州吁交往密

春秋兵马坑

切，不理会石碏的劝诫。卫庄公死后，公子桓公即位。周平王四十九年（前722），郑国共叔段作乱失败后逃亡到卫国。州吁因为也有作乱的念头，就主动和共叔段勾结，终于弑君作乱。

春秋竞渡纹钺

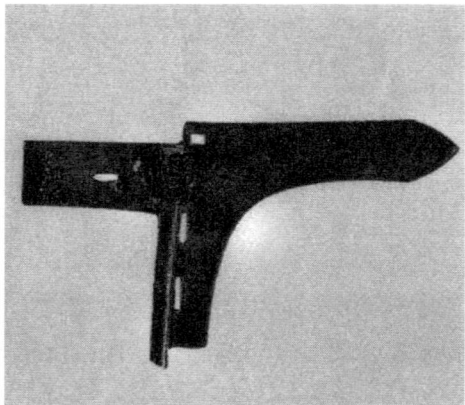

周王孙戈。春秋中期钩刺兵器。

　　州吁自立为卫国国君后，为收取民心，两次帮助宋国出兵攻郑，虽然都打了胜仗，但国内人心仍然不服。州吁思商无计，命石厚请教其父石碏。石碏一面教他通过陈国请求去周室朝觐天王，寻求合法认可；一面叫陈国逮捕州吁和石厚。两人果然中计被捕。此后，石碏将石厚处死，被人称赞为"大义灭亲"。州吁死后，卫国人迎公子晋为国君，即卫宣公。州吁之乱得平。

春秋不义之战愈演愈烈

　　春秋时期，"礼崩乐坏"，周天子威信丧失。犬戎之乱以后，周之故土大量丧失。东周朝畿内所辖，东至荥阳，西到潼关，南近汝水，北临沁水南岸，纵横方圆不过600余里，本身的实力已在中等诸侯之下。周王室对天下的控制事实上已不复存在。

　　这期间，裂土而侯，战争不息，争霸天下，所谓"春秋无义战"。周桓王二年（前718）郑国在北制讨伐燕国。同年，宋国夺取邾国，次年，宋派兵伐郑，包围长葛，郑师败。周桓王三年（前717），郑庄公率军入侵陈国，俘获大批财物。周桓王六年（前714），因宋殇公不去朝见周桓王，作为周王朝卿士的郑庄公以王命率军伐宋，声讨宋殇公不朝周桓王之罪。次年，郑打败宋国军队。同年，北戎出兵侵扰郑国。郑庄公率兵抵御，将戎军拦腰截断，前后夹击，全部歼灭，大获全胜。周桓王八年（前712）郑庄公伐许，灭许国。周桓王十三年（前707）周桓王带领诸侯伐郑，郑庄公出兵抵御。双方军队在繻葛交战。周军大败。这是春秋时期仅有的一次周天子亲自率军队与诸侯大战，繻葛之战，使周天子威风扫地。周桓王

春秋几何纹钺

十四年（前706）春，楚武王率军入侵随国。周桓王十九年（前701），楚国军队在蒲骚与郧国交战，大获全胜。

　　春秋时期文明的发展趋势在社会行为上就表现为在政治、经济和社会行为上的个别的发展，各个方面的发展一方面造成繁荣，一方面也造成社会的全面分化。

　　个别发展必然造成与专制政治的冲突，从而造成后者的解体，因而东周王朝的彻底衰落和列国的兴起造成文明发生时代的主要政治外观。

春秋战车复原图

　　个别发展的大趋势就是突破各种限制性制度，使得社会个体在各个方面得以流动。曾经稳定和培育了生命力的限制性制度在生命力爆发的时代成了必须破除的束缚，流动性和新的综合阶层的出现构成了这时期人员的动向。春秋时代诸侯国的兴起、繁荣和混乱的征战局面，还只是一个表面现象。诸侯和王亲剥夺了周王室的权力只是一个层次，大夫开始剥夺诸侯的权力，形成国家中大夫在政治、经济上的扩充和控制国家权力的局面，而士、卿、地主甚至门客、旁系也都纷纷兴起，开始篡夺瓜分他们原来主人的财富

和权力。

　　春秋礼崩乐坏不只是一个层次上的，西周宗法封建制度越复杂，春秋制度的破坏也就越多样化，同样，发展的方面也就越全面化，战国文明文化的多样化在很大程度上取决于不同阶层的人的不同发展。实际上，吴越等原来的原始民族在这个时代也突然兴起，成为一支重要的力量。

陈侯簠，春秋前期，盛食。侈口，束颈，鼓腹下垂，圈足。腹部有双耳，下垂珥。腹饰粗线带纹。为西周前期流行形制，春秋前期流行纹饰，此类器较少。器内有铭文17字。

波曲纹方甗

民本思想之滥殇

进入春秋时代，随着社会的变革，天命神权思想发生了深刻的动摇。在神民关系问题上，春秋时代的一些有识之士，在继承周初"敬德保民"思想的基础上，加以改造、发挥，进而提出了"成民而后致力于神"的重民轻神的进步观点。随国季梁说："夫

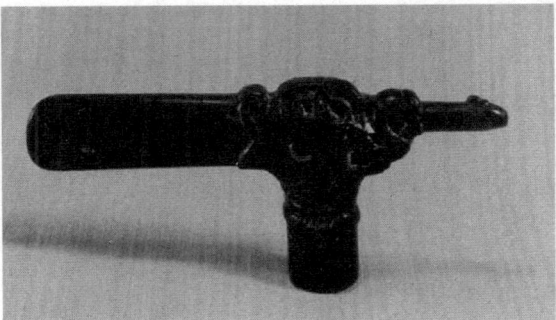

青铜构件

民，神之主也。是以先王成民而后致力于神。"（《左传·桓公元年》）在这里虽未彻底否定神的存在，但却认为"民"是"主"，"神"是从。他指出：若使国力强盛不受别国侵犯，并不在于祀神的丰盛和对神的虔诚信从，关键还在于致力于人事，使民众得以温饱，如果民心背离，鬼神也无能为力。因此，统治者唯有"先成民而后致力于神"，才能"免于难"。这种重民轻神思想的出现，可说是神民关系问题上的一个突破，具有无神论的倾向。东迁后的东周王权开始变化，它仍然存在，仍然是周王统治全国的权力，但是郑等诸侯国以及贵族集团开始操纵它，王权的性质不变但功能有了根本性的转向，中国由王权的封建宗族制转向诸侯国家，这一转变就是这时完成的。

与之相适应，周人的宗教也发生了类似的变化。天命、神、祭祀这些旧机体有了新的含义，祭神仍是主要政治——宗教活动，但出现了"民为神主"的思想，"神"被架空，变成了一个装新酒的旧瓶。

楚国始称王·南方文化融入中原

周桓王十六年夏(前704)楚伐随,双方军队在速杞(今湖北应山县西)交战,随军被打败逃走。

这年秋,楚熊通自立为武王,始开濮地。濮是少数民族的聚居地,民族混杂,其生活习俗和宗教颇带有原始遗存的野性、神秘气息。

至此,楚实际上已辐射江淮,窥伺中原,并对巴、濮、蛮、越都有所制驭。

由于各种部族渊源各异,历史参差,楚文化的形成包含几个方面:(1)荆楚部族本身的文化;(2)中原华夏文化的影响;(3)楚地域内外各民族文化的影响。楚有独特的文化。在楚地域原始鬼神崇拜祭祀的色彩要浓于中原地区的礼仪宗教倾向,因此前者往往带有"巫觋"的烙印和山野的神秘气息。

信鬼好祀,乐舞娱神等经常性的习俗生活内容,在南楚土著民族中更是蓬勃浓郁。如果说中原文化是以典重质实为基本精神,那么楚文化则以绚丽浪漫为主要特色。

青铜工具大量使用

青铜农具比较大量地生产和使用是在春秋时期。在黄河流域中游陕西、山西、河南等省发现的铲、臿、镬、斤等青铜农具,形制和种类虽没有超出商和西周,但数量大大增加了,铸造技术也有很大进步。侯马晋国遗址出土了几千块铸造青铜工具的陶范,其中镬、斤类陶范占

铜勺

总数的 80% ~ 90% 以上。长江流域使用青铜农具较为普遍，在江苏、浙江等吴、越国地域内都出土了青铜、锄、镰、斤、耨等农具。安徽贵池也出土了一批青铜农具。这一地区出土的锯镰，或称齿刃铜镰，制作十分科学，用钝了，只要在背面刃部稍磨，便又会锋利。它是近代江、浙、闽、鄂等地仍在使用的镰刀的祖型，是吴、越地区颇具特色的一种农具。当时，冶铸业以农民个体家庭"人而能为镈"的小手工业形式存在，反映出青铜农具使用的普及。

铁铲。春秋时代文物，陕西凤翔秦公墓出土。

春秋

春秋五霸争雄天下

700B.C. 周桓王二十年

十二月，鲁与郑攻宋。

699B.C. 周桓王二十一年

鲁、纪、郑与齐、卫、燕战，齐、卫、燕败绩。

696B.C. 周庄王元年

冬，卫惠公朔出奔齐，卫臣立公子黔牟。

694B.C. 周庄王三年

春，正月，鲁桓公与夫人文姜如齐。夏四月，齐侯使公子彭生杀桓公。鲁大夫立太子同，是为庄公。

冬，周公黑肩谋杀周庄王而立王子克，庄王杀周公，王子克奔燕。

690B.C. 周庄王七年

春，楚武王攻随，卒于军中，子熊赀立，是为文王。

楚武王五十一年，大臣斗祁、屈重等开辟道路，架设桥梁，此为架设桥梁之最早记载。

689B.C. 周庄王八年

楚文王熊赀元年，始迁都郢。

冬，鲁、齐、宋、陈、蔡攻卫。

688B.C. 周庄王九年

秦武公十年，取人之地而立为县，始见记载。然与后来郡县之县有别。

687B.C. 周庄王十年

《春秋》载"夜中，星陨如雨"。是为世界上最古的天琴座流星雨纪事。

686B.C. 周庄王十一年

冬，齐臣无知杀其君齐襄公而自立。齐公子纠与管仲奔鲁。

685B.C. 周庄王十二年

春，齐雍廪杀无知，公子小白自莒入齐即位，是为桓公。

鲁侯谋纳公子纠于齐，为齐所败。九月，齐人杀公子纠，而以管仲为大夫，执国政。齐桓公任用管仲、鲍叔牙、隰朋、高傒，修齐国之政。

传桓公时"九九歌"（乘法口诀）已流行。

689B.C.

亚述灭巴比伦。巴比伦继承苏美尔文化遗产加以发展，其手工及艺术形式都达到相当高的水平。其"吉加美什史诗"是一篇具有文学价值的长篇叙事诗。

首批陶立克式圆柱在伯罗奔尼撒半岛建成。

卫惠公逃亡后复国

周庄王佗元年（卫惠公四年，前 696 年）卫国内乱，惠公被迫逃奔齐国。

卫惠公的父亲卫宣公喜爱夫人夷姜，生一子，名伋，立为太子，并把他嘱托给自己的弟弟——右公子职。伋成年后，右公子为他娶齐女宣姜为妻。卫宣公见宣姜美貌，便据为己有，并同她生下子寿、子朔，又把他们嘱托给另一个弟弟——左公子泄。夷姜死后，宣姜和子朔向宣公进谗，离间他和伋的关系。宣公中计欲杀伋，便派他出使齐国，并遣刺客在卫、齐交界处的莘（今山东莘县北）等待动手。子寿将此阴谋密告于伋，劝他逃命。伋不肯弃父命，坚持使齐。子寿在饯行时把伋灌醉，冒充伋前往莘地被刺客杀死。伋酒醒后赶到，申明身份，也被杀。卫宣公连丧二子，于是立子朔为太子。宣公死后，朔继位为卫惠公。公子泄和公子职心怀不满，率人发难，迫使卫惠公逃奔齐国，立太子伋之弟黔牟为君。

前 689 年冬，齐襄公联合鲁、宋、陈、蔡等国伐卫，欲送惠公返卫复辟。次年（前 688）六月，卫惠公返国，黔牟及大夫宁跪分别被放逐到周、秦，左公子和右公子被杀。卫惠公复国。

兄妹通奸杀鲁桓公

周庄王三年，鲁桓公十八年（前 694），荒淫的齐襄公同自己的妹妹、鲁桓公夫人文姜通奸。为此杀鲁桓公。

这年春天鲁桓公听信夫人文姜劝说，准备偕同她一同去齐国。鲁大夫申繻知道文姜与其兄齐襄公关系暧昧，便极力劝阻鲁桓公。桓公不听，仍然如期前往，并与齐襄公在泺（今山东济南市西北）会见。齐襄公与文姜通奸。鲁桓公责骂文姜，文姜要齐襄公报复。此年夏，齐襄公宴请鲁桓公后，让大力士公子彭生帮助鲁桓公登车，并在车中将他杀死。鲁国派使臣对齐国说，寡君畏惧齐君之威，不敢宁居，来到贵国重修旧好，礼仪完成后却没有回国，又无处追究责任，在诸侯中影响恶劣，应予消解。齐襄公于是把罪责全推给公子彭生并杀之，以消弥鲁国的愤恨。桓公死后，鲁太子继位，是为庄公。

《墙有茨》

　　《墙有茨》是《诗经·国风》《鄘风》中的一首，诗序云："卫人刺其上也。"

　　这首诗是中国政治讽刺诗较早和较重要的一首，据诗经的大序认为它讽刺的是春秋早期怀国公子顽与君私通的事。诗有三节，其中第一节是：

　　墙有茨，不可埽也，中之言，不可道也。所可道也，言之丑也。

　　意思是拿墙上茨比喻中之言可传道，因为它是很丑的，指的是两个人在宫中结构深密之处的秽言秽语。

　　这首诗不见得是下层人民的心声，但也可以表现社会对于贵族统治者的恶行的愤怒，本身也是重要的历史材料。

《南山》

　　《南山》是《诗经·齐风》中的一首，讽刺的是齐襄公、鲁桓公和文姜之事。由于这是一首齐国民歌，不能公然讽刺齐襄公，是以把矛头指向鲁桓公、文姜，诗的首章说：

　　南山崔崔，雄狐绥绥。鲁道有荡，齐子由归。既曰归止，曷又怀止？

　　以雄狐缓缓然求匹比喻鲁桓公求婚于齐，而齐女嫁到鲁国，又有所怀。

　　诗序说："南山，刺襄公也。鸟兽之行，淫乎其妹，大夫遇是恶，作诗而去之。"

　　全诗四首，各有所指，隐隐指向鲁桓公等，表达了对这件事的愤怒。

云纹禁

河南淅川下寺出土的云纹禁是春秋中期的作品。禁体呈长方形，长107厘米，宽47厘米，通高28厘米。禁面四边及侧面均饰透雕云纹，四周有12只立雕伏兽，似虎；禁足为10个立雕状的兽足。

过去所见铜禁都属西周早期，春秋时代的铜禁唯此一件。伏兽及兽足的设计与新郑莲鹤方壶有共同点，透雕纹饰繁复多层，尤为华丽。

云纹禁是目前所知中国最早的失蜡法铸造的器物之一。

云纹禁。禁体呈长方形，春秋时期的铜禁唯此一件。禁身四周铸12只虎，禁足为10只圆雕虎，边沿及侧面为相互缠绕的蟠螭。此器为目前所知中国最早的失蜡法铸造器物之一。

齐国内乱·襄公被杀

周庄王十一年（前686），齐国发生公孙无知之乱，襄公被杀。

齐襄公曾派齐大夫连称和管至父戍守葵丘（今山东临淄西），出发时正值瓜熟时节，齐襄公和他们约定，明年瓜熟时，再派人替换他们。驻守一年之后，齐襄公却不提换防之事。连称和管至父请求派人代替，齐襄公仍不同意。两人遂策划叛乱。齐僖公同母兄弟夷仲年之子公孙无知，很受齐僖公宠信，衣服礼仪等都和嫡子一样。僖公死后，齐襄公继位，降低公孙无知待遇，公孙无知甚为愤怒，连称和管至父便联络他反叛。连称的堂妹在齐襄公后宫为妾，不得宠。公孙无知让她侦察襄公的情况，并许诺，事成之后立她为君夫人。周庄王十一年（前686）冬，这些人把计划付之实施，发动宫廷政变，杀齐襄公。其后，公孙无知自立为齐君。周庄王十二年（前685）春，公孙无知到雍林游玩。此人暴虐，雍林人多怨恨他，故乘机将他杀死，并通告齐国大夫，请议立新君。

齐乱，管仲、召忽奉公子纠奔鲁。而鲍叔牙在齐襄公时已预知齐国将乱，奉公子小白奔莒。

诸侯相残杀

周庄王三年（前694），周王室和诸侯国的政治阴谋和宫廷政变此起彼伏。这一年夏天，齐襄公与妹妹鲁桓公的夫人通奸，杀鲁桓公。秋天，齐襄公驻军首止（今河南睢县东南），召集诸侯相会。郑国国君子与齐襄公有隙，因畏惧齐国支持逃居栎邑（今河南禹县）的郑厉公复位而赴会，为齐襄公所杀，随同前往的高渠弥也被车裂处死。

同时，周王朝的卿士周公黑肩欲杀周庄王，而立庄王之弟王子克为王。周大夫辛伯将此事告诉周庄王，并帮助庄王杀死周公黑肩，王子克则被迫逃往燕国避难。

几年当中，各路诸侯争权夺利，甚至父子相残，兄弟操戈。

齐鲁战于乾时

鲁庄公九年（前685）齐桓公在高氏、国氏帮助下继位为君，公子纠虽有鲁国支持，由于行动迟缓，未能继位。齐、鲁由此交恶。此年秋，鲁、齐两国战于乾时（今山东临淄西南），鲁军大败。鲁庄公丢弃所用战车，坐轻车逃跑。鲁庄公的驭手和戎右武士秦子、梁子打着庄公的旗帜，躲在小道上诱骗齐军追赶，使鲁公得以逃脱，然而他们却为齐军俘获。

齐鲁乾时之战巩固了齐桓公刚刚到手的君位，提高了他在国内外的威信，为成为春秋五霸中的首霸打下了坚实的基础。

齐桓公即位

周庄王十一年（前686）公孙无知杀齐襄公登基。但公孙无知立即遭到国人的强烈反对，被视为弑君篡位的叛臣。前685年春天，公孙无知赴葵丘（今山东临淄西）游猎被葵丘大夫雍廪袭杀身亡。

因齐襄公暴虐而逃奔在外的襄公诸弟，

齐侯盂

纷纷准备返齐继位。公子纠因其母为鲁女而逃奔在鲁，由管仲、召忽为其辅佐。公子小白逃奔在莒国，由鲍叔牙为其辅佐。公子小白之母是卫国之女，有宠于齐僖公。公子小白和齐国大夫高傒相友善，公孙无知被雍林人杀死时，齐国显贵高氏和国氏就商量，把公子小白秘密从莒国召回。鲁国听到公孙无知死讯，发兵送公子纠返齐，并派管仲率领部队在从莒赴齐的路上阻挡公子小白。管仲引箭射小白，射中其带钩，小白佯装身亡，倒在车中。管仲误以为小白已死，便派人驱车将消息飞报鲁国，公子纠信以为真以为高枕无忧，便慢慢赶路，六天后才到齐国。此时。公子小白早已到齐。因有高氏、国氏为内应，所以顺利继承君位，是为齐桓公。管仲与公子纠逃往鲁国。

周王室东迁以后，政治权力迅速转移到诸侯国，宗法制度和神权统治也已崩溃。所谓春秋五霸开始一一登上了历史舞台，政治结构上的这一重要变化促使各诸侯国发展起各具风格的政治、经济、军事格局和多元化的文化样式，从而为以后战国秦汉文明各方面的演进奠定了基础。齐桓公即位后，建立起齐国的霸权，引起政治、经济、文化上一系列改革，是中国历史发展的一个重要里程碑。

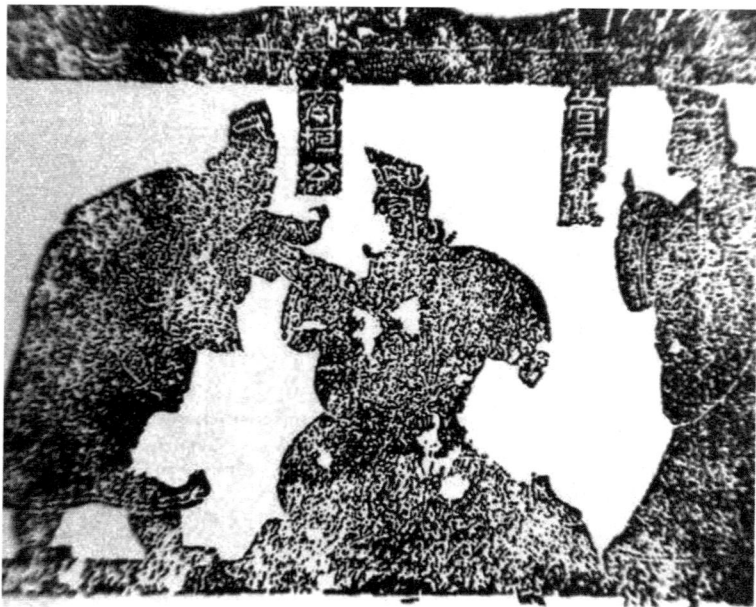

汉墓石刻曹沫劫桓公图。齐鲁会盟时，曹沫以匕首劫持桓公于坛上，逼使桓公还鲁侵地。

春秋五霸争雄天下

鲍叔牙荐管仲为齐相

鲁庄公九年（前685）齐鲁乾时之战，鲁军失败后，齐大夫鲍叔牙率领军队，代表齐桓公前往鲁国，表达齐国意愿。公子纠是齐桓公的胞兄，齐不便亲自处置，就请鲁国把公子纠杀掉。公子纠的辅佐管仲和召忽是齐的仇人，请把他们交给齐国处置。于是鲁国在生窦（今山东荷泽县北）杀掉公子纠，并将管仲、召忽交给鲍叔牙。召忽不愿返齐，遂自杀身亡。管仲坐在囚车里随鲍叔牙返

管仲

齐。到达齐、鲁交界的堂阜（今山东蒙县西北），鲍叔牙放出管仲。回国以后，鲍叔牙对齐桓公说，管仲是天下奇才。您若仅仅治理齐国那么由高傒和我辅佐即可；您若要称霸天下，则非管仲不可。齐桓公不记射中带钩之仇，以亲自出城迎接之礼礼遇管仲，任命他为齐相，主持国政。

管仲相齐后，一心辅佐齐桓公的霸业，对齐国很多方面都进行了大刀阔斧的改革。在政治上，他推行国、野分治的参国伍鄙之制，即由君主、二世卿分管齐国，并在国中设立各级军事组织，规定士、农、工、商各行其业；在经济上，实行租税改革，对井田视其肥瘠而分等征税，并采取了若干有利于农业、手工业发展的政策；在管理上，他主张礼法并用，礼以使人知廉耻、法以使人守规矩。

在国内政治经济形势得到稳定和改善的基础上，管仲积极促使齐桓公采取尊王攘夷、争取与国的方针，以建立霸权。所谓"攘夷"，是对侵占华夏地区的戎、狄进行抵御。前649年，扬拒泉皋之戎入侵王室地区。此后二年，以齐为首的诸侯国派兵戍守王都。前644年，山戎伐燕，齐军救燕。前661年狄人攻邢（今河北邢台境内），次年灭卫（今河南淇县）。其后二年，以齐为首的诸侯国恢复卫国，另建卫都于楚丘（今河南滑县东）。所谓"尊王"，即尊崇周王的权力。前655年，齐军与诸侯军伐楚，迫使楚国向王室贡送蚕丝（一说为包茅）。在葵丘之会的盟辞中，有诛不孝、无得更易太子、不允许以妾为嫡妻、不得私自分封国邑等条文，目的皆在于维护周天子下的宗法制度。所谓争取与国，是运用军事、经济手段来取得中小诸侯国的支持。谭（今山东济南东）、遂（今山东肥城西南）等国曾藐视齐国，被齐灭掉。服从者来朝聘，齐取厚报。前651年，由齐国召集葵丘之会，确定诸侯国间不得筑堤防雍水来危害邻国，不得有意不卖给邻国粮食。

管子是中国历史上第一个具有独创性的政治家和经济学家。他对内实行的参国伍鄙之制既巩固了齐桓公的权力，又使整个国家井然有序，从而不但为齐桓公首先称霸提供政治上的保证，而且对后世中国政治制度产生了深远影响；他对外推行的"尊王攘夷"政策以尊崇周王号召民心，收到了"万国事朝"的实利结果。他在经济上实施的租税改革政策和发展手工业、商业的政策在短时间内使齐国国力大为增加，为其称霸准备了物质条件。管仲的这些政策使齐国即使霸权衰落也仍然保持着大国的地位。

不仅如此，他还发展了齐国的文化，托名于他的《管子》一书大多数就是以他为首的齐国思想家的思想结晶。

中国开始使用算筹

算筹是中国古代的计算工具，是横截面为圆形、方形或三角形的小棍，使用木、竹、骨等物制成。算筹起源很早，春秋战国时期的《老子》中就用"善数，不用筹策"的记载。在当时算筹已作为专门的计算工具被普遍采用，筹的算法已趋成熟。到秦汉时代，算筹的长短、粗细有了明确的规定。《汉书·律历志》称："其法用竹，径一寸，长六寸，二百七十一枚而成六觚，为一握。"

算筹记数的规则，最早载于《孙子算经》。用算筹表示数目有纵横两种方式。

表示一个多位数，则是将各位数码由高到低从左到右横列，各位筹式须纵横相间。表示数字有不同的数系：简单分群数系、乘法分群数系、字码数系、定位数系等。最科学也最实用的是定位数系（今天通用的阿拉伯数字就属于这个数系），它用固定的数表示一个位上的数量，用它的位置表示它的位。

商周人所使用的，也就是我们今天汉语中的数系是乘法分群数系，它用固定的数表示一个位上的数量，而给予每个位以不同的名称和表示。

它用一至五根筹的不同组合表示一个位上的值，而用位置表示不同的位，用空位表示这个位上的零。虽然对于零的处理是不充分的（到宋代才出现符号），但它在当时无疑是最先进的，它表明战国人在基本算术还未发展完善的基础上至少在这个问题上一下子就超过了外国。

这种算筹记数制度十分明确地体现了十进位值记数法，便利简洁，与世界古代各民族的记数法相比显示出极大的优越性，以他为基础发展出一整套筹算算法，形成了中国传统数学的独特风格，取得了许多辉煌的数学成就。

无论是历史记载，还是考古学都不能证明早于春秋有算术，商代甲骨文有大量的记数、历法，但最多只能肯定其中存在加减法。商周天文观测非常发达，但看不出有计算。

九九表竹简残片

象牙算筹。陕西旬阳汉代遗址出土。

有些人因此完全把中国数学抹杀，认为不值一提，甚至把一些数学思想归之于外来。但事实上，就数学而论，虽然殷商文明与其他古代文明相比确实不值一提，但这正表现了战国文明的伟大，它与希腊不同，后者是在巴比伦、埃及的基础上进入抽象和证明科学，而战国人则必须自己从头来。因此我们只应该期望战国秦汉人达到前古典文明的水平，而他们实际上大大超过了这个水平，不能不说是超凡的。

算术在战国中迅速发展，《汉书·食货志》记载了李悝的算术。《九章算术》包含的内容（它是前代成果的总汇）和战国时代的科技都证明了这一点。有证据表明在前六世纪已有分数和九九乘法表。

春秋

684 ~ 675B.C.

684B.C. 周庄王十三年

春，齐侵鲁，鲁用曹刿谋，败齐师于长勺。

九月，楚侵蔡，获蔡哀侯以归。冬，齐灭谭。

682B.C. 周庄王十五年

秋，宋南宫万杀宋闵公、与宋大夫仇牧，太宰督。宋万奔陈，不久为宋人所杀。

681B.C. 周僖王元年

春，齐会宋、陈、蔡、邾于北杏，议攻宋。

冬，齐桓公与鲁君会于柯，鲁大夫曹刿（史记作沫）劫齐桓公，反所亡地。

680B.C. 周僖王二年

春，齐桓公请周师与陈、曹共攻宋。

六月，郑厉公自栎入郑都，杀郑子婴而复位。

679B.C. 周僖王三年

春，齐桓公会宋公、陈侯、卫侯、郑伯于鄄，始霸诸侯。

冬，曲沃武公灭晋侯潘，以宝献周，周僖王使虢公命曲沃武公以一军为晋侯，列为诸侯，于是尽并晋地而有之。

678B.C. 周僖王四年

秦武公卒，葬于雍，初以人殉葬，死者66人。

十二月，齐、鲁、宋、陈、卫、郑、许、滕之君同盟于幽。

676B.C. 周惠王元年

秦初作伏祠社，磔狗于邑四门以御蛊。"伏"节令由此始。

675B.C. 周惠王二年

秋，周大臣芬国、边伯、子禽、祝诡、詹父、膳夫石速，奉釐王弟王子颓以伐王，不克，出奔温，苏子奉王子颓奔卫，卫师、燕师攻周。冬，立王子颓。

楚文王死，在位十五年。《左传》谓文王"作仆区之法"，即隐藏逃奴者与其同罪。

680B.C.

国王亚述拔尼拔的著名图书馆中有两万多块黏土板，涉及历史、医学、天文学和星占学，并记载行星的运动和黄道十二宫。

679 ~ 675B.C.

雅典出现卫城；陶立克式和与真人一样大小的妇女雕塑品开始流行。

亚述制出水钟。

043

齐鲁长勺之战

即位不久的齐桓公，不听主政大夫管仲内修政治、外结与国、待机而动的建议，于周庄王十三年（前684）春发兵进攻鲁国，企图一举征服鲁国。

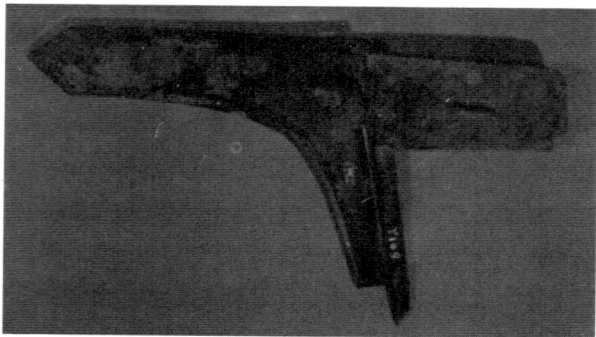

春秋时期青铜戈

鲁庄公正准备迎战，有一个读书人曹刿求见，他问鲁庄公凭什么与齐交战，庄公说，暖衣饱食，不敢独自享受，一定分给他人。曹刿说，小恩小惠不能施之于众人，老百姓不会因此跟随你。庄公又说，祭祀用的牛羊玉帛，不敢夸大其辞，祝史的祷告一定如实反映。曹刿说，这种诚心不能代表一切，神灵不会因此赐福。庄公接着说，大大小小的案件，我虽然不能一一洞察，但必定按照原则情理处置。曹刿赞扬道，这才是为老百姓尽力尽心，可以凭此与齐军一战。

鲁庄公与曹刿同乘一辆战车。率鲁军在长勺（今山东莱芜东北，一说曲阜北）与齐军对阵。庄公准备击鼓进攻，先发制人，被曹刿劝止。齐军见鲁军按兵不动，便再三发起冲击，均未奏效。几次冲击后，齐军士气沮丧，而鲁军斗志昂扬，曹刿这时才让庄公击鼓进攻，齐军被击溃。庄公急于追击，曹刿恐怕齐军诈败，下车细看齐军车辙痕迹已乱，又登车眺望齐军旌旗已倒，方让庄公下令追赶齐军，终将齐军逐出鲁境。

此战鲁国取胜的原因一在民心所向，一在采取后发制人，敌疲再打的防御战术。

春秋铜戈定型

戈盛行于商代和西周，在春秋早年仍是车战的主要武器。春秋以后，由于铜戟和步战的兴起，戈的地位下降，至战国晚期则基本消失。

晚期的戈出现了很长的胡和很多的穿戈头，与柄结合得非常牢，便于使用。

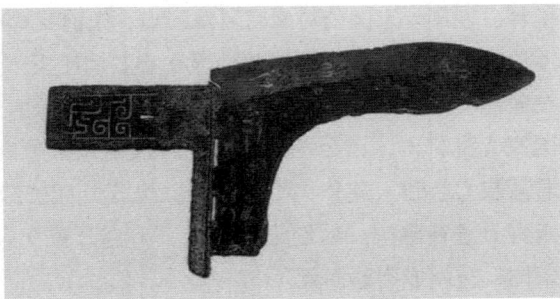

王子于戈。戈面有错金鸟篆铭文"王子于之用戈"六字，鸟篆是春秋之际青铜器铭文中使用的一种文字。此为吴国兵器，后转入晋国。

乘丘之战

周庄王十三年（前684）春天，齐国在长勺之战中败于鲁国，仍不甘心。夏天，齐国联合宋国侵略鲁国。齐、宋两国军队进驻在鲁国都城附近的郎（今山东曲阜附近）。

鲁大夫公子偃向鲁庄公献策：宋军军容不整，易于战胜。宋军若败，齐军必定撤退。故可首先攻击宋军。鲁庄公没有采纳。于是公子偃不经允许，便独自率军从雩门出击，把马蒙上虎皮突然攻击宋军，鲁庄公随后领兵进攻，在乘丘（今山东兖州境）打败宋军，俘虏宋大夫南宫万，齐军被迫撤退。

宋国发生南宫万之乱

乘丘之战中，宋大夫南宫万被鲁庄公卫士活捉。经宋国人请求，南宫万被释放回国。宋闵公对南宫万戏言道，先前我尊敬你，现在你做过鲁国囚犯，不值得我尊敬。南宫万因此怀恨在心。周庄王十五年（前682）秋天，南宫万在蒙泽（今河南商丘北）乘机杀死宋闵公，又杀大夫仇牧、华督，立公子游为君。国家大乱，宋国诸公子逃往萧（今安徽萧县西北）国避难。本年冬。萧国国君萧叔大心和宋戴公、武公、宣公、穆公、庄公的族人率领曹国军队进攻宋国，南宫万逃往陈国。后经宋国请求，南宫万被女人灌醉，再以犀牛皮包裹送抵宋国，被剁成肉酱而死。

楚伐蔡灭息

蔡（今河南上蔡）、息（今河南息县）皆为姬姓国。蔡哀侯与息侯都娶陈侯的女儿为妻。周庄王十三年（前684）九月，息侯夫人妫经过蔡国回娘家，蔡侯对她无礼挑逗。息侯知道后非常愤怒，便请求楚国伐蔡。楚军攻陷蔡国，

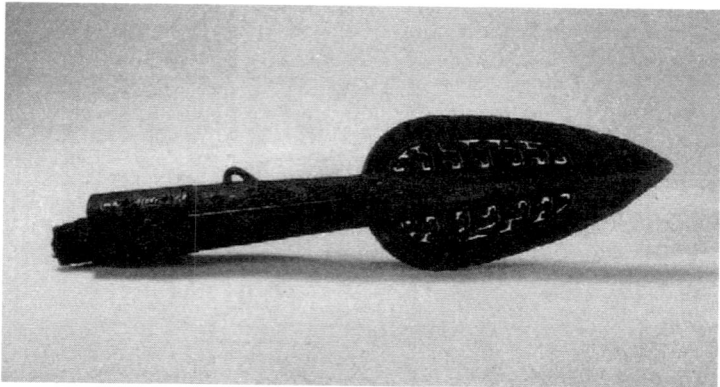

佣矛，击刺兵器，矛叶透雕云纹，一侧有环形系。此矛纹饰精美，为楚国兵器中的典型器物。

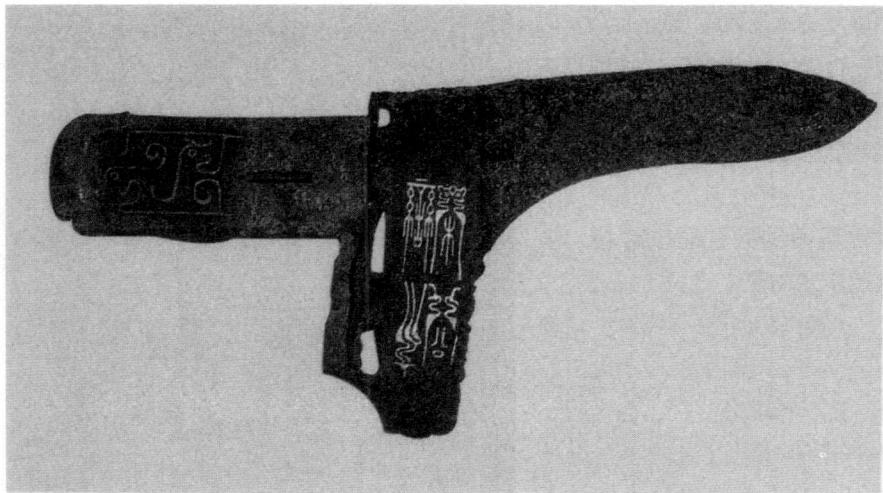

宋公栾戈。胡部有错金鸟篆铭文六字，正面四字，背面两字，全铭为"宋公栾之造戈"。宋景公名栾，公元前516年即位。制作精工，字体优美。

俘虏蔡哀侯。蔡哀侯对楚文王极言息妫的美貌，于是楚军在归途中顺道又灭了息国，掳回息妫。

齐桓公会诸侯于鄄·齐开始称霸

周僖王三年（前679）春天，齐桓公再次召集宋桓公、陈宣公、卫惠公、郑厉公在鄄（今山东濮县东20里）会盟，各诸侯共同承认齐国的盟主地位，齐桓公开始称霸。

桓公即位后，不计前嫌，重用管仲，管仲辅佐桓公在政治、经济两方面施行改革政策，齐国国力日益强盛。凭借雄厚的经济和军事力量，齐桓公意欲向外发展，管仲相应地积极促使桓公采取尊王攘夷、争取与国的方针，以建立霸权。

所谓"尊王"，即尊崇周王的权力。当时周王室虽已衰微，但名义上仍是姬姓各国的大宗和天下诸侯的共主。"尊王"的实质是以尊崇王室为标榜，而以号令天下为目的，所谓"攘夷"，是抵抗北方少数民族戎、狄对中原的侵扰，捍卫华夏诸侯国的安全。"争取与国"是指与诸侯各国结好。尊王攘夷、争取与国的方针顺应时势，齐国逐步走向霸主地位。

周僖公元年（前677），齐桓公为平宋国内乱，召集宋、陈、蔡、邾等诸侯在北杏会盟，开创春秋时代以诸侯主盟会的先例，并于会后派兵将借故不参加结盟的遂国灭掉。到了本年春天，齐桓公再会宋、陈、卫、郑等国诸侯，齐国的盟主地位被诸侯各国所共认，齐国踏上霸主地位。

然而，郑厉公其实并不甘心承认齐国的盟主地位，而力图恢复其父郑庄公的功业。周惠王元年（前676）姬阆（周惠王）即位，郑厉公与虢公、晋君一起在陈国迎立王后，显示出积极参与王室事务的决心。此后

莲鹤方壶。春秋青铜制盛酒或盛水器。壶盖顶部饰双层莲瓣，中立一鹤。纹饰写实生动，突破了商周传统青铜器艺术狞厉、威严的风格，而成为春秋时期时代精神的反映。战国以后，青铜壶盖以立鸟为饰的渐多，立鹤方壶为此类器物的已知最早实例。

郑、齐关系恶化，而鲁国也接着背弃齐国。周惠王三年（前674）春天，郑厉公与虢公丑响应姬阆之召，讨伐王子颓，帮助姬阆复国，杀王子颓及其党羽。郑厉公因平定王室之乱立有大功，姬阆把虎牢东面的郑武公旧地赐给他以作报答。郑厉公的一系列活动，动摇着刚刚开始称霸的齐桓公的事业，但他不久就去世，郑国随之国势日衰，力量已不足以与齐国抗衡。周惠王十年（前667）夏，郑国表示服从齐国，齐桓公于是又一次与鲁、宋、陈、郑国君在幽

会盟。周惠王眼见齐国势大，就派召伯廖赴齐，赐命桓公为侯伯（诸侯之长），此举表示周王室正式承认齐桓公的霸主地位。

齐等五国会盟于北杏

周僖王元年（前681）春天，齐桓公召集宋、陈、蔡、邾等国诸侯在北杏（今山东东阿县境）相会，商讨平定宋国由南宫万引发的内乱之事。这是春秋中第一次撇开周王室而由诸侯主持的盟会。

齐国创立了春秋会盟制度，齐桓公的霸业开始建立。

莲鹤方壶

莲鹤方壶是春秋中期青铜器。其主体部分为西周后期以来流行的方壶造型，有盖、双耳、圈足，重心在下腹部，遍饰于器身上下的各种附加装饰，不仅造成异常瑰丽的装饰效果，而且反映了在春秋时期青铜器艺术审美观念的重要变化。壶身的纹饰为浅浮雕并有阴线刻镂的龙、凤纹饰。有的是以鸟兽合体的形式表现，虬屈蟠绕，布满壶体。圈足上每面饰相对的两虎，器盖口沿饰窃曲纹。壶颈部四面均有龙（兽）形耳，两正侧面作回首反顾之龙形，有花冠形角，体积很大，长度约当壶身高度的2/3，冠与身躯均有镂空的精美花纹。壶腹下部四角又有附饰的有翼小龙，作回首向上攀附之状。兽角翻卷，角端如花朵形。圈足下有双兽，弓身卷尾，头转向外侧，咋舌，有枝形角。承托壶身的兽，和壶体上所有附饰的龙、兽向上攀援的动势，相互应合，共同在观者视觉上造成壶身轻盈、移动的感觉。

壶盖上部为两重骈列的莲瓣形装饰，向四周翻仰，有力地烘托出盖心一只展翅欲翔的鹤。鹤的形象生动真实，为早期青铜器艺术中所罕见，是春秋时期时代精神的象征。其反映了一种新的生活观念与艺术观念，是活跃升腾的精神力量之形象的显现。

曲沃武公篡晋

晋哀侯二年（前716），曲沃庄伯去世，儿子称继庄伯而立，即为曲沃武公。哀侯八年，晋军攻陉廷（今山西曲沃东北），陉廷人与曲沃武公联合。哀侯九年，曲沃武公率军进击，在汾水附近俘虏哀侯。哀侯子小子代哀侯被立为君，即小子侯，曲沃武公闻讯就指派韩万杀死晋哀侯。曲沃势力强大，小子侯无力控制。小子侯四年（前706），曲沃武公诱骗小子侯到曲沃，乘机杀掉小子侯。周桓王派虢仲领军讨伐武公，武公退回曲沃，哀侯弟缗被立为晋侯。晋侯缗二十八年（前679），曲沃武公再度起兵攻伐，占领晋都翼（今山西翼城南），杀死晋侯缗，进而占有晋国全国，时为周僖王三年。曲沃武公以所得宝玉尽数献给周僖王，周僖王则命曲沃

黄子壶。盖近扁平，面饰横 S 形螭纹，中央有环钮。器侧有一对伏兽耳，腹饰吐舌的蟠螭纹，上加相对的半环形纹及三角纹带。低圈足。颈外有铭文 4 行 16 字。壶光洁无锈，花纹精细，系黄国国君为其夫人所作用器。

武公为晋国国君，列为诸侯。曲沃武公更号为晋武公。从晋文侯之弟成师被封于曲沃起，到曲沃势力强盛吞灭晋国，前后共 67 年之久，曲沃分封这一隐患终于发展为曲沃篡晋。

齐国联盟攻郑

周僖王四年（前678），郑国攻击宋国。郑、宋两国都于上年参加在鄄由齐国主持的会盟，齐桓公认为郑国攻击联盟之内的宋国，是一种背盟行为。本年夏天，齐国会同宋、卫两国军队讨伐郑国，郑国屈服。至本年十二月，齐桓公又与鲁、宋、卫、郑、许、滑、滕国国君在幽（宋地）会盟。齐国率联盟攻郑是维护和巩固联盟的行动，齐桓公从而巩固了自己的盟主地位。

秦武公以人殉葬

周僖王四年（前678），秦武公去世，以人殉葬，从死者达66人。自商代以后，中国古代的殉葬风俗又见于此。武公儿子白不得立，被封于平阳（今陕西宝鸡县东）。武公之弟继立为君，即秦德公。

周王子颓作乱

周惠王时期，王室贵族内部矛盾尖锐，子颓是周庄王宠妾王姚之子，颇受庄王庞信。庄王派大夫国为子颓的师傅。周惠王继位以后，先后占取蒍国的园圃饲养野兽，强取周大夫边伯献靠近王宫的房舍，夺取周大夫子禽祝跪和詹父的田地，收回膳夫石速的俸禄，引起蒍国等五大夫的强烈不满，就与贵族苏氏暗相预谋。周惠王二年（前675），蒍国等五大夫事奉王子颓起兵攻打周惠王，兵败后，逃到温（今河南温县南），苏氏跟随子颓逃到卫国。卫燕两国军队攻打成周，驱逐周惠王，并在此年冬天拥立子颓为周天子。

周惠王三年（前674）春天，郑厉王试图调解周王室纠纷未果，便将周惠王带回郑国。至秋天，周惠王和郑厉公攻入邬（今河南偃师县南），又攻入成周，取成周金器而回。王子颓占据王城，尽情享乐。郑厉公和虢公林父一起商议如何使周天子复位。周惠王四年（前673）春天，郑厉公和虢公召集诸侯在弭（今河南密县境）待命。

凤衔斤杖首，春秋礼器。斤为长方形，刃部圆钝，尾呈双翅状。下部呈扁圆筒，内残留朽木。制作精致。

到夏天，郑厉公和虢公林父率兵共伐王城（今河南洛阳旧城西部），杀王子颓和芮国等五大夫，周惠王终于复位。为表酬谢，周惠王将虎牢（今河南荥阳汜水镇）以东赐给郑厉王，又将今陕西东边的酒泉赐予虢公。从此王室的领地更加狭小。而郑国不甘心屈居齐桓的霸业下，力图有所作为，正好借此机会干预王室事务，谋取霸主地位。

老马识途

　　周惠王十三年（前664），山戎（戎之一支，散居冀北、冀东）侵犯北燕。北燕来齐国告急。齐桓公率军联合燕军讨戎师。追至令支、孤竹（山戎别部，前者在今迁安西，后者在卢龙、滦县一带），齐师迷途失道，管仲说："马也许认得路，不如找几匹当地的老马，让它们在头里走，也许能走出迷途。"

　　齐桓公于是叫人挑了几匹老马，让它们领路。这几匹老马果然领着齐燕大军走出迷谷。

674 ～ 660B.C.

春秋

674B.C. 周惠王三年

春，郑伯和王室未能成功，遂执燕伯仲父。夏，郑伯以王归于郑。

673B.C. 周惠王四年

夏，郑伯、虢公攻入周，杀王子颓，奉周惠王复归于王城。

672B.C. 周惠王五年

春，陈杀其太子御寇，公子完出奔齐，齐桓公任以为卿，是为齐田氏之祖。

楚杜敖弟恽杀杜敖自立，是为楚成王。

669B.C. 周惠王八年

冬，晋献公尽杀曲沃桓伯、庄伯之子，从此晋无公族。

667B.C. 周惠王十年

夏，齐桓公盟卫侯、宋公、陈侯、郑伯于幽，陈、郑皆服齐。冬，周惠王使召伯廖赐命齐桓公为侯伯，且请齐伐卫。

664B.C. 周惠王十三年

春，周大夫樊皮叛惠王，惠王命虢公讨樊皮，夏，四月虢公入樊，执樊皮，送于王城。

冬，齐桓公攻山戎以救燕。

663B.C. 周惠王十四年

齐侯向鲁献戎捷。

662B.C. 周惠王十五年

八月，鲁庄公卒，子般即位，庆父使人杀子般而立公子启，是为闵公。

660B.C. 周惠王十七年

秋，鲁庆父杀鲁闵公，公子季友立闵公弟公子申，是为僖公，而杀庆父。

卫懿公好鹤。狄人灭卫，杀懿公。齐桓公与宋人收卫之遗民男女 730 人，立卫宣公之孙戴公以庐于曹。

闵公有傅夺卜崎田，鲁已设置保傅之官教育公子。

668B.C.

亚述巴尼巴是亚述最后一个著名国王。亚述巴尼巴笃好学术，其所建立之图书馆，是研究古代西亚历史之宝库。亚述巴尼巴死后，亚述国不久瓦解。

661B.C.

亚述征服埃及，埃及成为亚述一省。

660B.C.

日本神武天皇即位，是为日本传统纪元之始。

053

齐桓公割地献物以德服人

周惠王十四年（前663），山戎攻打燕国，燕向齐国告急，齐桓公发兵救燕，伐山戎，至孤竹国才班师回朝。燕庄王感激不尽，送齐桓公入了齐国国境，桓公认为诸侯相送不应当出境，便将燕庄公所至之地割给燕国，命其复修召公之政，奉职于周朝。诸侯闻知此事后，对齐桓公愈加敬服。

齐桓公在伐山戎之前曾请鲁国军队协同作战，鲁庄公以道路遥远为由拒绝合作。打败山戎后，齐桓公为此准备伐鲁，管仲劝阻说：刚讨伐远国，又诛灭近邻，使邻邦不敢亲近，这决非霸王之道。如果攻鲁国，鲁必然向楚国靠拢，岂不是一举两失。还是将从山戎缴获的宝物，进献于鲁国的周公庙为好。齐桓公接纳了管仲的建议。齐桓公在他武功最辉煌的时候，也极其注重以德服人，因而他的霸业不止建立于政治、军事成功的基础上，也有着尊王攘夷、扶强锄弱的精神和真正的盟主大度，使他与其它春秋霸主区别开来，为人所崇敬，得到孔子的高度赞扬。他帮助燕国打败山戎，向北方开拓土地，又赠给燕王南方领土，使燕主参与周王室事务，燕从此强大起来，最后成为战国七强之一。

齐桓公大义灭亲杀哀姜

周惠王十七年（前660）同庆父私通的哀姜被其兄齐桓公杀死。哀姜和妹妹叔姜同嫁鲁庄公，与奸夫庆父合谋杀闵公，意图立庆父为君。庆父亡命于莒后，她也逃到邾国（今山东曲阜东）。齐桓公大义灭亲，将她抓获，杀之于夷（今山东即墨县西）。

楚国开始强盛

周惠王五年（前672）楚王堵敖欲杀其弟熊君页，君页逃往随，与随军袭击并杀死堵敖，自立为楚成王。

周惠王六年（前671），楚成王派遣大使朝见周惠王，周惠王赐楚使祭肉说："命令你镇压南方夷、越之叛乱，不要侵害中原。"之后，楚国不断内部巩固，国力渐渐强大。

周惠王十一年（前666），楚成王令尹子元掌握国家大权。他率领600乘战车讨伐郑国，攻入郑国远郊的桔木失之门，楚军车队从郑国都城外郭的纯门进入，到达大路上的市场。由于诸侯国军队救援郑国，郑国才没有撤离都城，这期间，楚国又打败申、息、邓等国，开阔疆土，开始强盛起来。

庆父不死·鲁难未已

周惠王十五年（前662秋）至十七年（前660）的两年间，庆父先后杀了两位鲁国君主，鲁国因此大乱，最后以庆父自杀告终。

鲁庄公的三位弟弟依次是庆父、叔牙、季友，因为都出自桓公，后人称为"三桓"。鲁庄公晚年，三桓为争夺君位而展开激烈斗争。鲁庄公得病时，向叔牙询问继承人，叔牙认为庆父有才能，可以继位。庄公又询问季友，季友表示以死事奉子般。庄公告诉季友，叔牙支持庆父继位，季友便设法处死叔牙。鲁庄公三十二年（前662）八月初五日，鲁庄公病死于正寝。子般在季友的支持下继位，住在党氏家中。此年冬，庆父派与子般有仇的圉人荦在党氏家刺死子般，季友逃奔陈国避难。庆父立庄公子开为君，即鲁闵公。

庆父立公子开为君本有私心。庆父与庄公夫人哀姜私通，哀姜无子，所以杀死子般后庆父立哀姜妹妹叔姜之子开为君，但二人并未就此死心，于鲁闵公二年（前660）秋，指使鲁大夫卜齮杀闵公，庆父欲自立，国人大哗，迫使庆父逃奔莒国。流亡在外的季友得以返鲁，并立公子申为君，是为僖公。季友又以财货求莒遣返庆父，并迫使庆父自杀。

自鲁庄公死后，庆父在鲁国上下其手，发起多次谋杀，引起鲁国内乱。

卫懿公好鹤亡国·齐桓公安卫

周惠王十七年（前660），赤狄伐卫，杀卫懿公，后齐助卫复国。

卫懿公好鹤，淫乐奢侈，有些鹤竟乘轩车出入，而卫懿公本人又是靠谗杀前太子而得位的，所以为国人所痛恨。前660年，狄人兵至，卫懿公准备发兵交战，国中甲士都说：鹤有禄位，应该让它们去打仗。于是军队不战而溃，狄人攻入卫都，杀卫懿公，追杀卫人直至黄河沿岸，卫人逃生者仅700余人。

齐桓公收留这些遗民，又集中共、滕两地居民，于曹邑复卫国，立前太子伋母弟为卫君，即戴公，派公子无亏率兵帮助防守，并资助卫人大量物资，于楚丘为卫建新都，使卫人安定下来。

在此之前，齐桓公曾不顾伐山戎劳顿，数次出兵助邢国抗击赤狄人，并帮助邢人迁居。齐桓公时，强楚北上，戎狄南下，形成"南夷与北狄交，中国不绝如缕"的局面，中原受创甚剧。齐的霸业不是对弱小诸侯的征服，而是扶助它们抵抗外来侵略，在周王朝权势丧失后成为领导中原防御外患的核心力量。

孔子就曾说，如果没有管仲，中原人民就会被蛮夷之邦征服。

南方青铜器形成特色

　　春秋时期南方的青铜器如羊首鼎、龙形耳、涡纹鼎等与中原青铜器形式不同，但受南方大国楚国的文化影响。

　　羊首鼎为安徽寿县出土，羊首突出，双角下卷，颈腔与圆腹相连。腹上平盖后有尾下垂，腹下分立三个钩形扁足，尾饰简化夔纹，形制颇为新颖。龙形耳是尊，大口、广肩、鼓腹，两侧有特大的龙为把手，龙回首、张口、曲体，尾外卷，气势雄伟。肩部饰斜角雷纹，腹部饰横条沟纹，圈足饰雷纹，为越族地区的青铜器。涡纹鼎为湖南资兴旧市出土，鼎的形制保留西周的一些特点，但内聚的足则多见于春秋中叶。花纹中勾连形纹，是西周初一种夔纹的遗迹。此鼎与常见的楚鼎不同，是当地少数民族的作品。

夔龙冈纹鼎，饪食器。此鼎与同时期中原地区的青铜鼎有所不同，具有南方越族的地方特色。

057

春秋五霸争雄天下

龙形耳（龙耳尊）

凫尊，容酒器。
通体为凫形，昂
首伫立，蹼足短
尾，背呈侈口尊。
双足不稳，尾下
另设一柱，形成
三支点。此器比
辽宁出土的凫尊
粗精和拙巧颇不
相同，是吴越青
铜文化仿效西周
之佳作。

羊首鼎，鼎侧羊首突出，双角下卷，颈腔与圆腹相连。腹上的平盖后有尾下垂，腹下分立三个钩形扁足，尾饰简化夔纹，形制颇为新颖。与此鼎同出土的器群和江淮间古徐舒之地出土的器群相比，多有雷同之处，甚至疑为一模所出，应为同一族属的器物。颇具南方青铜器的特色。

牺鼎，饪食器。此为觥与鼎的合体器物，在觥的本体上附加一对立耳，器连龙首，与觥盖连龙首不同，为当时新出现的形制。盖顶饰波曲纹，器前端作龙首，两侧饰蟠虺纹，中腹饰蟠虺纹带。此种形制奇特的青铜器在安徽江淮之间屡有出土。

059

布币产生

中国古代最古老的货币是贝币，它萌发于原始社会末期，盛于商代。西周时期，贝币仍然是主要货币，但随着这一时期天然贝数量减少而铜器铸造业不断发展，已开始出现较多的铜铸贝币。春秋之际，货币经济得到很大发展，出现了以黄金、青铜、银、锡、铜等金属铸成的型制多样的货币。其中，布币是最先得到广泛流通的金属货币。

布币是由农具发展而来的，"布"即是"镈"的假借字。镈即铲，是古代重要的农业工具，因而可以作为市场交换媒介。春秋战国时期的铜铸布

楚国旆钱当斩布

币，体制薄小，已没有农具的实用功能，但仍保持了镈的形状和名称。布的形状有很多类型，空首布是较为原始的类型，后从空首布又演化出平首布。此外还有方足、尖足、圆足、方肩、圆肩、方跨、圆跨等多种类型。布币主要流通于韩、赵、魏三国。燕和楚也铸造少量布币。在韩、赵、魏三国中，

春秋五霸争雄天下

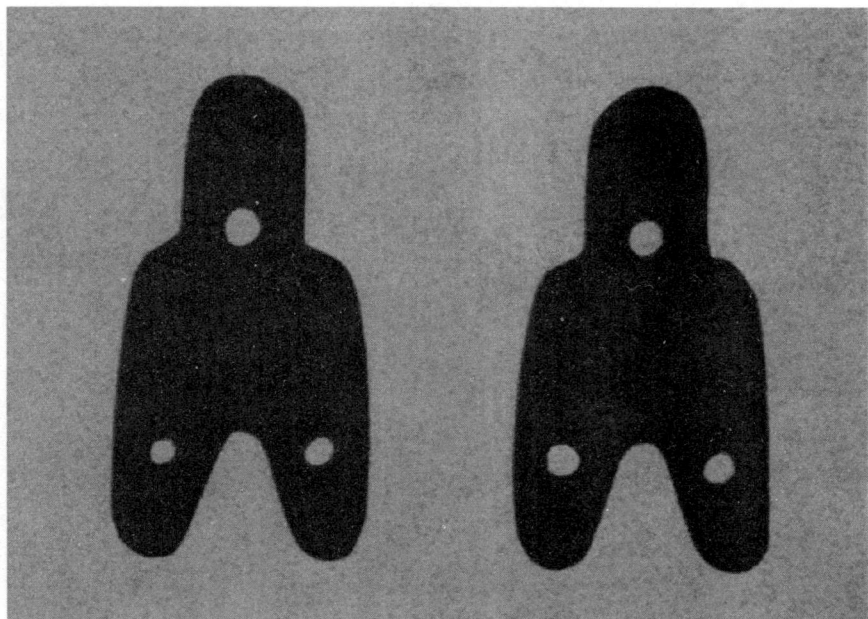

赵国无终三孔布（正、背面）。布币是春秋、战国时期周王室及晋、卫、郑、宋等国的铸币。

蚁鼻钱。蚁鼻钱是贝币发展的最后形式。因钱上铸有文字，又似人面像，故又称之为"鬼脸钱"，主要流通于南方的楚国地区。

又以赵国诸郡铸造的布币最多。

　　但是布币等金属货币的流行并不意味着铜币很快绝迹，楚等国家直到战国时期仍以铜铸贝币蚁鼻钱（又称鬼脸钱）为辅币。

　　布币的出现，标志着我国古代进入了一个新时期，即以金属货币为主要货币的时期。布币是春秋战国经济发展的结果，同时又成为推动经济发展的力量。

空首布。殷商晚期和西周时期，铜制工具在不同地区形成了一般等价物。到了春秋时期，人们又将其转化为专职的货币，即现在所称的空首布。它虽保留了青铜铲的工具形态，但已不能作为工具使用，形成了具有典型意义的铸币。此图为春秋时期田字空首布。

春秋

659B.C. 周惠王十八年

六月，齐桓公迁邢于夷仪，齐师、宋师、曹师为邢筑城。

八月，楚人侵郑，齐侯、鲁公、宋公、郑伯、曹伯、邾人盟于柽，谋救郑。

658B.C. 周惠王十九年

齐桓公率诸侯为卫筑楚丘城，恢复卫国。

657B.C. 周惠王二十年

秋，齐桓公会宋、江、黄之大夫于阳谷，谋攻楚。

656B.C. 周惠王二十一年

齐桓公率鲁侯、宋公、陈侯、卫侯、郑伯、许男、曹伯谋侵楚。诸侯先侵蔡，蔡溃；师次于陉，遂侵楚。楚遣大夫屈完来与诸侯兵讲和，盟于召陵，遂服楚。

655B.C. 周惠王二十二年

春，晋献公杀其世子申生，公子重耳、夷吾皆出奔。

八月，齐桓公与鲁、宋、陈、卫、郑、许、曹之君盟于首止，谋平王室之乱。

654B.C. 周惠王二十三年

夏，齐率鲁、宋、陈、卫、曹诸国侵郑。

653B.C. 周惠王二十四年

春，齐伐郑。秋，齐桓公会诸侯于宁母，与郑盟。

652B.C. 周惠王二十五年

春，齐桓公会周大夫、宋公、鲁侯、卫侯、许男、曹伯、陈世子，盟于洮。

651B.C. 周襄王元年

夏，齐桓公会宰周公、鲁侯、宋公、卫侯、郑侯、许男、曹伯于葵丘。此为齐桓公所主持最盛大之国际会议。襄王使宰孔赐齐侯胙。

九月，晋献公诡诸卒，荀息立奚齐，里克杀之；荀息立卓子，里克又杀子。齐隰朋率师纳晋公子夷吾，是为惠公。

652B.C.

亚述驻埃及总督萨木提克拥兵自立，推翻亚述统治，是时埃及文化复兴。

651B.C.

希腊第二次米西尼亚战争约始于此年。斯巴达经过长期的战争，才重新征服米西亚人。

齐桓公伐楚

春秋五霸争雄天下

周惠王二十一年（前 656）春天，齐率诸侯共同伐楚。到夏天，楚国派大夫屈完到诸侯国军队营地议和，双方各自退兵。

周惠王五年(前 672)，楚成王即位，国势得以不断壮大。成王先后灭掉了申、息、邓等国，多次伐黄、伐隋，气势逼人，意图北上称雄。郑国畏惧于楚国强大，准备依附楚国。

楚国的北进，直接威胁到中原各诸侯国的利益，特别是作为华夏各国盟主的齐国更加不能容忍。为了对付楚国咄咄逼人的攻势，齐桓公一面加强中原诸侯的联盟，一面分化楚之盟国。周惠王十八年（前 659 ），齐桓公召集鲁、宋、郑、曹、邾等国诸侯商议援助郑国。去年（前 657 ）有江、黄两国背弃楚国而与齐桓公结盟于阳谷（今山东阳谷县北）。这样，齐、楚两大强国就处于直接对抗的局面。

本年春天，齐桓公率领齐国及宋、卫、陈、郑、鲁、许、曹共八国军队讨伐新近倒向楚国的蔡国，蔡军不敌而溃，诸侯联军进而南下伐楚，直抵楚国边境。楚成王眼见中原诸侯联军声势浩大，便派遣使者去质问桓公：“齐国与楚国相隔遥远，风马牛不相及，不知道您带领大军到我们这里来有何目的？”管仲答道：“我国先君受命辅佐周王室，楚国没有丝毫贡物献于王室；周昭王南巡，又死于汉水，因此来问罪楚国。”楚使只承认不纳贡品的不是，不承担昭王之死的责任。齐桓公于是率诸侯联军进军到陉（陉山，楚之北塞，今河南漯河市东），双方军队在此相持不下。

到了夏天，楚成王见诸侯联军没有退却的迹象，便派大夫屈完到联军请求停战和谈。齐桓公带联军退至召陵（今河南偃城东），排开强大的阵势，然后带屈完去观看，炫耀地说：“率领这样强大的军队去打仗，有谁能够抵挡？用这样强大的军队去攻城，有什么样的城市不能攻克？”屈完回答说：“倘若您以德行去感召诸侯，谁会不钦服？倘若您以武力来威胁我们，那么我们将以楚国长城和汉水作为屏障坚守到底，联军兵再多，恐怕也没有用。"齐桓公听了屈完之言，知道很难使楚国屈服，便在召陵与屈完签订盟约修好，双方各自退兵。

人面纹錞于

江苏镇江出土的人面纹錞于是春秋时期的作品，为编组乐器中的一件。同出共三件，形状、纹饰相同，大小成序列。弧顶，无盘边，圆肩并向一侧突倾。器体通高43厘米，立面呈不对称形。顶端有虎钮，肩腹之间饰兽形扉棱。

纹饰布于顶面及器体前侧。肩部突起部位饰一浮雕人面，脸的轮廓及五官均以突线条勾出，无头发。人面两侧对称地饰以螺施纹带，间以变体三角云纹、立鸟纹。顶及腹下部饰卷云纹、三角云纹。

以人面为饰且形体不对称的錞于，是首次发现。

人面纹錞于

齐桓公助邢复国

齐桓公称霸初期，南面强楚北上，北面戎狄南下。戎狄所到之处，杀人毁城，破坏惨重。

周惠王十五年（前662），游牧于今之山西东南部的赤狄大举进攻邢国。此时齐桓公刚刚率军讨伐山戎回来，在管仲的劝诫下不顾劳顿出兵救邢，击败狄军。周惠王十八年（前659），赤狄再次攻邢，邢军溃败。齐国又与宋、曹联合出兵援救，赤狄军战败。这时，邢国都城历经战乱，残破不堪，而且

065

靠近赤狄活动区域，于是桓公帮助邢国将都城迁于夷仪（今山东聊城西），
又让齐、宋、曹三国军队协助邢国筑城。邢人迁到新都之后，桓公又派战车
百乘和士兵千人助邢防守。

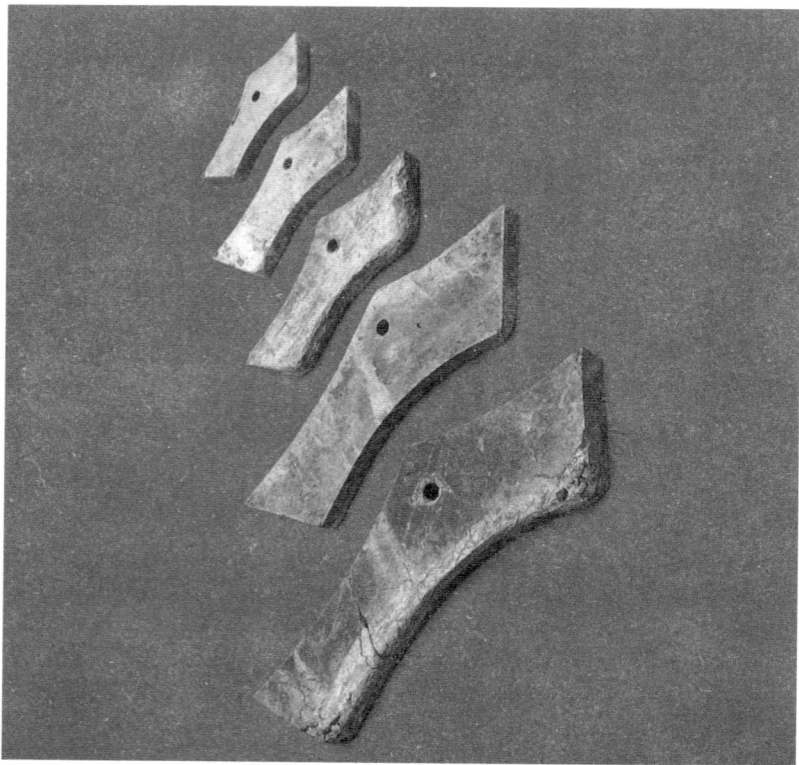

春秋石磬。陕西凤翔秦公墓出土。按古代规制，只有天子举行的仪典上能用玉磬，
诸侯只能用石磬。

晋国假道灭虢·虞虢唇亡齿寒

周惠王十九年（前658），晋献公命里克、荀息率领军队讨伐虢国。从晋至虢必须经过虞国（今山西平陆），荀息建议献公用屈地产的良马和垂棘出的美玉为礼品向虞国借道。献公有点舍不得这两样宝物，荀息便为之分析得失，献公终于应允。虞公得了良马美玉，十分欢喜，不但答应借道，还自告奋勇愿为晋军做先导，共同出兵。里克、荀息率领晋军与虞军会师，攻下虢都下阳（今平陆南），虢国退而迁都于上阳（今河南三门峡市东南）。

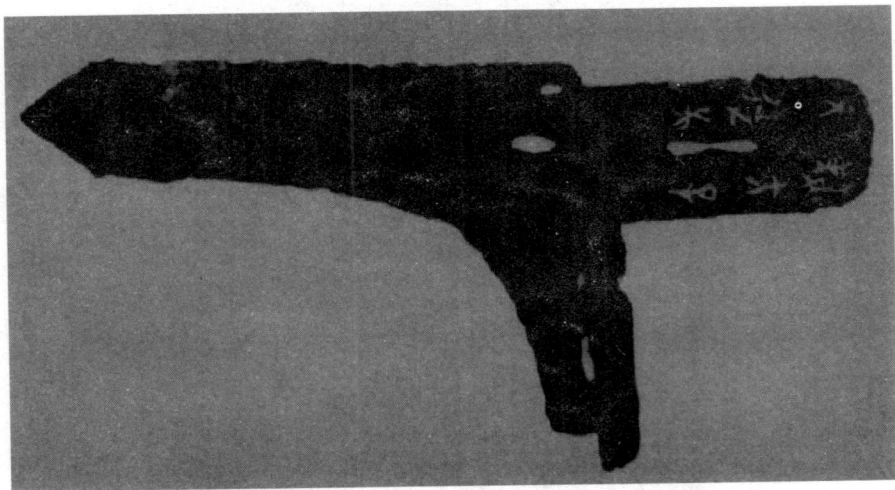

虢太子元徒戈。前655年，晋假道灭虢，这是晋灭虢前虢国太子所作的武器。

周惠王二十二年（前655）十二月，晋军又来向虞国借道伐虢，虞大夫宫之奇谏虞君道：借道给晋军，晋军必灭掉我国。虞君说：晋虞同姓，晋国不会进攻我国。宫之奇又谏道：虢国也是晋国的同姓，可晋国马上就要灭掉虢国，又有什么可能施爱于虞国？虞、虢两国如同唇齿相依，唇亡则齿寒啊！

虢叔盂，春秋前期盛食器，兼作盛水器。失盖。敛口、宽唇，鼓腹，平底甚小。
腹部两侧设兽首耳。肩饰斜角雷纹。腹内有铭文五字，记盂为虢叔所作。

蟠虺纹鬲。春
秋中期饪食器。

虞君不听从宫之奇的劝谏，仍让晋军通过。宫之奇无奈，率其族人离开虞国。晋军攻破虢都上阳，灭虢国。回师途中又顺便灭掉了毫无防备的虞国，俘虏了虞君。荀息牵着昔日贿赂虞君的良马，手里拿着美玉献于晋献公，献公笑道："马是我的马，可马齿已经老了呀。"

晋发生骊姬之乱

晋献公有子8人，立齐姜所生之申生为太子。周惠王五年（前672）晋灭骊戎，带回骊姬及骊姬妹，晋献公对骊姬姐妹宠爱有加。骊姬生子奚齐，想要使奚齐立为太子，便与献公近臣梁五等勾结准备利用机会除掉太子申生。周惠王十一年（前666），献公听信骊姬等谗言，命申生出居曲沃（今山西闻喜东北），公子重耳出居蒲城（今山西隰县东北），公子夷吾出居屈（今

垂鳞纹有流鼎，春秋中期晋国青铜饪食器。有盖，双附耳，椭圆腹，三蹄足。盖钮作立兽形。口沿处有虎首形流。口沿下饰窃曲纹，腹饰垂鳞纹。

山西吉县北），献公则与骊姬、奚齐居于都城绛（今山西翼城东南）。晋人皆知太子申生不得立，大夫士劝太子逃亡，申生不听。周惠王二十二年（前655）骊姬叫太子在曲沃祭其母齐姜，带回祭肉献于献公。骊姬乘献公刚去出猎的机会，派人在祭肉中下毒。献公回来准备吃祭肉，骊姬劝止，将祭肉置于地上，地隆起，又将祭肉给人、狗分食，人、狗皆死，骊姬假装痛哭，谗毁太子。太子申生听到消息出奔曲沃。有人劝太子：下毒者乃骊姬，太子为何不向献公辩明是非。太子答道：我父年老，没有骊姬则寝食不安。"又有人劝太子逃亡，太子说：我背上恶名，谁肯接纳我？于是自杀身亡。公子重耳逃归蒲城、公子夷吾逃归屈城。晋献公又派兵伐蒲、伐屈，重耳奔翟，夷吾奔梁，其他群公子亦相继被逐。

骊姬之乱，造成晋国一系列的王位争夺，直到重耳归国，这场斗争才终于结束。

兽形匜。春秋中期。盥洗器。此器造型精巧华丽，纹饰装饰性极强，为匜类奇珍。

春秋五霸争雄天下

秦穆公任用百里奚、蹇叔

周惠王二十三年（前654）晋灭虢、虞，将虞大夫百里奚作为秦穆公夫人的媵臣（男子之陪嫁者）派到秦国。百里奚逃亡到宛（今河南长葛北），被楚人捕获。秦穆公听闻百里奚贤能，想用重金赎他，又怕楚国人知道了不答应，于是用五羖（黑色公羊）羊皮赎他回来。这时百里奚已70多岁，秦穆公和百里

图为本世纪50年代大修后的灞桥新貌。大修时在原来的67跨桥墩上加固，因而桥墩数量和外型基本没有改变。

奚相谈了三天国家之事，非常高兴，将管理国家的重任委托给百里奚，号称"五羖大夫"。百里奚相秦后，向穆公推荐他的朋友蹇叔，说：蹇叔贤能，世人不知。我曾经想投靠齐君无知，蹇叔阻止我，使我逃脱了齐国之难；我曾想投靠周王子颓，蹇叔阻止我，使我逃脱了周的灾难；我投靠虞君，蹇叔阻止我，我不听，于是逃不过虞的灾难。我两次听从蹇叔的话，得以逃脱灾难，一不听他的话，马上就遭了难。由此可见蹇叔是多么贤能。秦穆公听后，马上派人以重金迎请蹇叔，加封为上大夫。

秦穆公锐意强国，任用百里奚、蹇叔后，秦国日渐富强。因此也有人把秦穆公作为"春秋五霸"之一。

管仲谏止齐桓公封禅

周襄王元年（前651，齐桓公三十五年），齐与诸侯以及周王太宰周公在葵丘结盟。齐桓公以为称霸天下的大业已成，便准备封禅（封：登泰山祭天；禅：在梁父山祭地）。管仲列举古时神农、炎帝、禹、汤等封禅者，告诉齐桓公只有受天命拥有天下的人才可以封禅。桓公认为自己九合诸侯，一统天下，和受天命拥有天下的人无异。管仲知道很难用言语劝服齐桓公，就答应可以张罗此事，又说：以往封禅，要收集东海比目鱼、西海比翼鸟等天下吉祥之物；如今凤凰麒麟不来，嘉谷又不生，野草蒿莱丰茂，鸱枭数次飞来，想封禅，恐怕不可以吧？齐桓公终于放弃了封禅的想法。

灞桥。在今西安市东，横跨在灞水上，是历史上一座富有诗意的古桥。春秋初期，秦穆公与东方诸侯争雄，改磁水为灞水，并建了桥梁。历代屡建屡毁至今。灞桥是东出长安的必经之地，人们送别，至此留步，早在汉代就有了折柳赠别的习俗。图为灞桥原貌。

春秋五霸争雄天下

鲁国测量日影长度以定冬至

周惠王二十三年（前654，鲁僖公六年）冬至，鲁僖公参与测量日影长度的活动，以确定冬至的时间。据《左传》记载，春秋时已有二分、二至、启（立春）、闭（立夏）等节气。当时已有土圭用于测景。

这说明在春秋时中国人已懂得用较为科学的方法来观测划分四季，并有比较科学的历法和测量工具。

龙凤纹玉璧。春秋时代文物，山东曲阜市鲁故城出土。曲阜，西周至战国时代曾为鲁国都城。在这里曾发掘出鲁都城的城垣和宫殿基址。从出土的陶器、铜器、玉器等文物看，鲁文化是在继承了商文化和周文化之后综合发展形成的。

春秋时鲁国食器

齐国会盟定周太子之位

　　周惠王王后宠爱少子带，惠王也有废太子郑而立王子带之意。齐桓公为巩固太子郑的地位，于周惠王二十二年（前 655）夏天，召集鲁、宋、陈、卫、郑、许、曹等国诸侯与太子郑在首止（今河南睢县东南）相会。秋天，又在首止盟誓。周惠王对此大为不悦，便派周公宰孔召见郑文公，让郑投靠楚国，又保证晋国将援助郑国。郑文公心满意足，就逃走回国而不参加盟誓。齐桓公牵头直接干涉周王室的内政，表明齐国的霸王地位已被确认。

春秋前期盛食器。内底有铭文十八字，记鲁伯大父为其女季姬嬉作滕簠。

齐桓公主持葵丘之会

　　姬阆（周惠王）晚年，想废掉太子郑而改立王子带，太子郑求助于齐桓公。齐桓公会8国诸侯于首止，明确表示对太子的支持，姬阆因而不敢废太子。周惠王二十五年（前652）年底，姬阆死，太子郑担心其弟带争位，密不发丧而求助于齐。周襄王元年（前651）正月，齐桓公率领诸侯与周之卿大夫结盟于洮（今山东鄄城西南），太子即位为襄王，然后发丧。同年（前651）夏，齐桓公召集鲁、宋、卫、郑、许、曹等国诸侯以及周王室的太宰周公在葵丘（今河南兰考县东）相会，订立盟约。盟约的主要内容有：①不要废嫡立庶，以妾为妻；杀不孝的人。②要尊重贤士，养育英才，表彰有德行的人。③敬老慈幼，照顾宾客行旅。④用人唯贤，国君不得专断独行。⑤各国间要有难互助，不要禁止邻国采购粮食；不要堵塞河流，以邻为壑。此次会盟誓词所揭示的精神意在维护宗法制度嫡庶的大小，意在发扬周文化尊贤崇德敬老慈幼的精神，意在阻止国际间的垄断与竞争，缓和情势，以谋合作。姬郑（周襄王）

感激齐桓公的恩德，特意派宰孔到葵丘把祭肉赐给他。宰孔说，周天子祭祀文王、武王，派我把祭肉赐给伯舅。齐桓公正准备下阶跪拜，以表示感谢，宰孔忙说，还有下面的命令，天子派遣我说，因为伯舅年纪大了，特加上功劳，赐给一等，不用下阶跪拜。管仲劝说齐桓公这样不可，所以齐桓公回答说，天子的威严不离开颜面咫尺之远，我岂敢受天子之命而不下拜？于是，齐桓公下阶跪拜，然后才登上台阶接受祭肉。此年秋，齐桓公和诸侯又在葵丘盟誓。誓辞说，凡我同盟之人，既盟之后，言归于好。在葵丘之会上齐桓公高举"尊王"的大旗，对周天子表示了特别的尊敬。

尽管他年事已高，却坚持用跪拜的大礼接受天子赐与的胙肉。齐桓公九合诸侯，以葵丘之会为最鼎盛。葵丘会盟是齐桓公霸业鼎盛的标识。

三分损益法提出

三分损益是中国古代制定音律时所用的生律法。此方法的记载最早见于《管子·地员篇》。根据某一标准音的管长或弦长，推算其余一系列音乐的管长或弦长时，须依照一定的长度比例，三分损益法为此提供了一种长度比例的准则。

三分损益包含"三分损一"、"三分益一"两层含义。前者是指将原有长度作三等分而减去其 1 份，即：原有长度 × （3 - 1）/3 = 生得长度；而后者是指将原有长度作 3 等分而增添其 1 份，即：原有长度 × （3 + 1）/3 = 生得长度。两种方法可以交替运用、连续运用，各音律就得以辗转相生。

中国音乐和乐律学以及声学属于中国文明对人类贡献的重头。在前文明的几千年音乐实践的基础上极早地发生了声学。与大约同时代的希腊相比，虽然后来的发展不同，但程度是大致相同的。

春秋

649B.C. 周襄王三年

夏，周太叔带（襄王后母弟）召杨拒、伊、雒等之戎同攻周，入王城。秦、晋连兵击戎以救周，戎去，太叔带奔齐。

648B.C. 周襄王四年

冬，齐桓公使隰朋击戎于晋，又使管仲击戎于周。

647B.C. 周襄王五年

夏，齐桓公会诸侯于咸。

冬，晋饥，请粟于秦，秦输晋粟，自雍及绛相继。

645B.C. 周襄王七年

三月，齐侯、鲁侯、宋公、陈侯、卫侯、郑伯、许男、曹伯盟于牡丘。

十一月，秦与晋战，获晋惠公，寻释之。

齐大夫管仲、隰朋皆死。

《管子》有"上有丹沙者，下有黄金；上有磁石，下有铜金"等语，反映对矿藏勘探已积累一定的经验。

644B.C. 周襄王八年

秋，戎侵周，周告急于齐，齐征调诸侯兵士防守周城。

晋公子重耳奔齐，齐以女妻之。

冬，齐桓公会鲁、宋、陈、卫、郑、许、邢、曹国之君于淮。

643B.C. 周襄王九年

春，齐、徐侵英氏。夏，齐灭项。

十二月，齐桓公卒。易牙与寺人貂立公子无亏，太子昭奔宋，齐大乱。

642B.C. 周襄王十年

正月，宋襄公率诸侯师伐齐，齐杀无亏；五月，宋立齐太子昭，是为齐孝公。

三月，郑伯始朝楚，楚王喜，赐之金，既而悔之，与之盟曰："无以铸兵。"故以铸三钟。

641B.C. 周襄王十一年

六月，宋襄公盟曹、邾之大夫于曹南，鄫子会盟于邾，宋襄公使邾人杀鄫子以祭社。

冬，鲁、陈、蔡、楚、郑盟于齐。

约 640B.C.

希腊早期哲学家、天文家、数学家泰勒斯生于小亚细亚之米利都。

由德拉科编写第一部雅典法律。

希俄斯岛的格劳库斯发明焊铁。

《管子》中的地理学

《管子·地员》是中国最早的地理学专论，《管子》成书于战国时期，应为管子学派的著作。《地员》篇两千二百多字，主要论述中国土地分类，涉及土壤地理和植物地理。它先按中国古代的传统观念，把土地分为5类：渎田（平原）、坟延（蔓坡地）、丘陵、山林和川泽。然后在各类中再分。渎田分为冲积土、赤色垆土、黄色盐碱土、盐质粘土和黑色粘土五种土地类型。坟延是平原和丘陵的过渡类型，未细分。丘陵分为峡谷之旁、峡谷地、大土阜、广大的土阜、回环相接的丘陵、石质蔓延的低山、小土山、白土小山、中等丘陵、青色土石山、多石赤土水山、多磊白壤的山、土山、高丘陵土山共14种类型。

山林自高至低分为5种类型，依次长有植物为：落叶松、山柳、山杨、杂林低山、山麓榆树。川泽，表示河、湖、沼泽岸边的土地，一部分在水下，一部分在岸上。《地员》篇最后一部分为土地评价，根据各种土壤的生产能力分上、中、下三等，每等又包括6种不同的土壤。

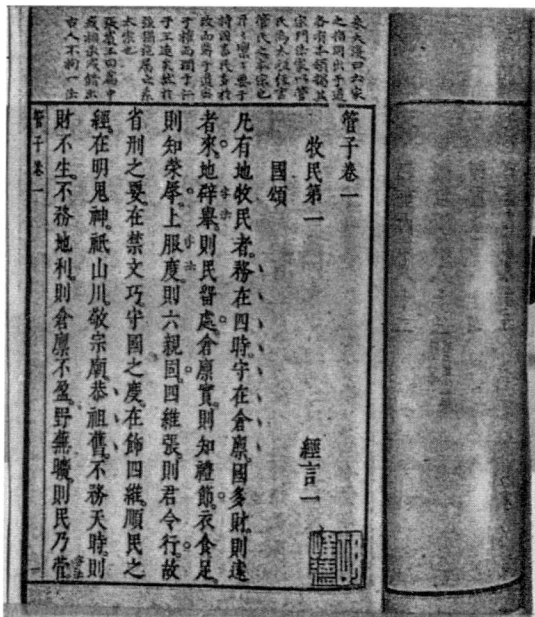

《汉书·艺文志》著录有《管子》86篇。

管仲平戎于周

管仲当上齐国宰相后，倍感桓公既往不咎，用之不疑之恩，倾全力报效齐国。他在协助齐桓公治理国家的同时，以"尊王攘夷"的措施建立齐国的霸主地位，甚至亲自实施这一措施。周襄王三年（前649）夏天，王子带召集扬、拒、泉、皋和伊雒等地的戎人攻打周朝都城洛邑，秦国和晋国派兵勤王，击败了戎人。这年秋天，晋惠公派人与戎人谈判，希望媾和，但没有成功。前648年冬天，齐桓公派管仲去完成这一艰巨任务，管仲不辱使命，凭其过人的外交才干促成了戎与周的和议。为酬谢管仲，周襄王以上卿之礼款待管仲，管仲辞而不受，并对襄王说："我只是一个地位低贱的陪臣，君待我以上卿之礼，愧不敢当，齐国真正的上卿是桓公任命的国氏和高氏。"管仲最终只接受了下卿之礼。管仲的才智和谦逊深得各国人的敬佩。

管仲去世

管仲（？—前645）是中国历史上第一个有独创性的政治家、经济学家。名夷吾，字仲，亦称管敬仲，颍上（今安徽颍上）人。他早年曾经商，后来从事政治活动。初与鲍叔牙游，深得鲍叔牙敬重，后与其分别当了公子纠与公子小白的谋臣。在两公子争夺权位的斗争中，管仲支持公子纠。公子小白即位为齐桓公，听从鲍叔牙的劝告，捐弃前嫌，拜管仲为相。管仲任事后，四十年如一日，尽心辅佐齐桓公除旧立新，成就了他的霸业。

管仲任齐相期间，取得了多方面的成就。政治上：他对内推行国、野分治的参国伍鄙之制，由君主、二世卿分管齐国，并在国中设立各级军事组织，

管仲（左）与鲍叔牙墓碑

规定士、农、工、商各行其业；他还实行"重刑罚"、"隆礼义"的治国政策，将齐国治理成一个既遵从法制又恪守礼节的国家。对外，他施行"尊王攘夷"的主张。所谓"尊王"，即尊重周天子的权力。这实际上是一种以天子号令诸侯的权术，因为周天子虽无实权，但毕竟是诸侯名义上的君主。所谓"攘夷"，即抵抗入侵华夏地区的戎、狄等少数民族，为各诸侯国撑腰，从前664～前656年，齐国就先后帮燕国击退山戎、为卫国和邢国另建新都，阻止了楚国的北犯。经济上，他重视经济，积极发展生产，提出了"仓廪实而知礼节，衣食足而知荣辱"这一伟大思想；他及时改革赋税制度，主张"相地而衰征"，即视土地的好坏优劣而分等征税，大大刺激了人民的生产积极性；对各施其职的士、农、工、商，他推行同业者聚居一处、代代相传的措施，以便师徒授受、相互交流、提高技术；他还力倡通货积财、富国强兵的政策，极大地增强了国家的实力。

与战国诸子侧重哲学和社会（因而经济思想是其一部分或应用）不同，《管子》书中的管子是一个真正的，甚至是现代意义的经济学家。

管子的经济理论是轻重分析，轻重是一个一般概念，如果参考把价格贵看作重（反之看作轻）的例子，大致可以知道轻重是什么。他以轻重来衡量一切经济对象的关系，从中衍生出流通、交换、价格等经济现象及控制方法。

他的控制经济的轻重的思想是最早的经济（而非政治）调节法，这来源

《管子》书影

于"重射轻泄（重见众人追逐，轻则外流他方）"的商品理论。他对货币定义、数量说、本位和货币政策的理论由此产生，他的价格理论、市场定义、财政政策以及财富本体论、经济心理论等都是极有意义的。

《管子》成书的年代有异议，从其经济背景看，至少这一部分内容应属于战国时代。

管仲的这些政治和经济主张不但促成齐国的首霸地位，而且对后世产生了深远的影响，甚至历代谈论经济的著作都祖述管仲。

晋作爰田

　　周襄王七年（前645）韩原之战，晋惠公被秦俘虏，晋大夫都披头散发，拔出帐篷，跟随晋惠公。晋惠公之姐秦穆姬听说惠公被俘，正押往秦都，便领着太子莹等登上高台，坐在柴草上。她派遣使者免冠束发穿着丧服，对从韩原归来的秦穆公说，上天降下灾祸，让秦晋两国国君不是以玉帛相见，而是兴动甲兵。如果晋惠公作为俘虏早晨被押进秦都，我晚上就自焚而死；晚上押进来，就早晨自焚，请您裁夺。秦穆公便把晋惠公拘留在都城郊外的灵台。秦大夫子桑建议，放晋君回国而让晋太子来秦作人质，秦国就会得到有利的

王子婴次燎炉，春秋后期取暖器。内壁沿有铭文"王子婴次之庆炉"七字。婴次即郑庄公之子婴齐。

媾和条件。秦穆公认为有理，遂允许晋国媾和。晋大夫郤乞遵从瑕吕饴甥的告诫，回国后召集都城的人到宫门之前，以国君的名义给予赏赐，并告诉人们，晋惠公自知即使将来返晋，也已经给国家带来了耻辱，还是占立继承人围吧！晋人听后，一齐号哭。举国上下，同心挽救危亡，于是改革土地制度，开始实行爰田之制。所谓"爰田"，即易田，也就是休闲耕作。春秋时，随着农

业技术的发展，土地使用率提高，休闲期相应缩短。最好的土地年年都能耕种，中等和下等土地要分别休一年或两年才能耕种。晋国普遍推行爰田制，旨在取悦于民，实际上也达到了这一目的。晋国从此动心忍性、发奋图强，从而逐渐走向富强。

徐尹炉盘，春秋后期取暖器。盘内底有铭文十八字，记徐国的令尹者旨謝自作之炉盘。

齐桓公去世·齐国大乱

齐桓公九合诸侯，一匡天下。随着霸业的成就，他逐渐骄傲起来，自以为诸侯谁都不可违背他，功业可比三代受天命。桓公晚年，易牙、竖刁等小人因为玩弄手段得以晋升重用，受到桓公的宠爱。周襄王七年（前645），管仲及贤臣隰朋相继逝世，桓公不听管仲临终的遗言，重用易牙等人，政事渐趋昏乱。

齐桓公好女色，多内宠，有夫人3人，宠妾6人。3夫人均无子而宠妾则各有子。开始，桓公与管仲商议，立公子昭为太子，其他5位公子本来就不服。管仲死后，桓公又改主意想立公子无亏，答应改立他为太子，这样就使诸公子都起了觊觎之心，人人争位。周襄王九年（前643），桓公病重，5位公子各自网罗党羽，准备争夺君位。及桓公死，5位公子互相攻伐，易牙与寺人貂勾结宫人而杀群大夫，立公子无亏为君。太子昭奔宋。因为内乱，桓公的尸体放在床上无人过问，尸体腐烂，臭气薰天，蛆虫一直爬出到房间的外面。直到 67 天以后才得以殡葬。周襄王十年（前 642），宋襄公率诸侯的军队平齐乱，以此立太子昭。齐人杀公子无亏。其余 4 位公子再次作乱，抵挡宋军，宋军打败了他们。太子昭于是登位，这便是齐孝公。齐乱才平息。

齐都遗址。山东省淄博市在西周至战国时期曾为齐国都城。经近年考古发掘，发现多处城墙与宫殿遗迹，以及春秋时期的墓葬。

晋惠公背信弃义

晋惠公姬夷吾生性残暴多疑，为自己的利益常常背信弃义、恩将仇报。晋惠公之前，晋国的晋献公宠幸妃子骊姬，想立她的儿子奚齐为太子。结果，太子申生自杀，公子重耳逃往翟国（今山西临汾北），公子夷吾也远走梁国（在今陕西韩城南）。前651年。晋献公去世，荀息遵照其遗愿立公子奚齐为君，大臣里克等人不服，谋杀了奚齐。荀息又立奚齐的弟弟悼子为君，里克再次杀掉悼子，荀息也死去。里克派人迎请公子重耳回来，打算拥立他，重耳坚辞不就，请求另立其他公子。于是，里克派人去梁国把夷吾接了回来。吕省、郤芮认为，晋国还有其他公子，必须借助大国的力量回国，方可使他们听命。夷吾遂派郤芮向秦求助，并许诺说："如果秦国帮助夷吾入主晋国，晋国即将河西之地割让给秦国。"同时，又写信告诉里克，事成之后即将汾阳一带（在今山西静乐西）土地封给他。秦穆公旋即派部队护送夷吾；齐桓公得知此事，也派兵前往晋国，并让隰朋（桓公佐辅）与秦一同送夷吾前往晋国。夷吾回国，得立为君，这就是晋惠公。

黄太子伯克盆。黄国位于今河南境内，前648年为楚所灭。

晋惠公即位后，并不是马上践行诺言，感谢恩人，而是忘恩负义，以怨报德。他背弃了与秦国订立的河西之盟，拒绝将土地割让给秦国，导致两国结怨。不仅如此，他考虑到公子重耳在外，担心里克再度拥立他，甚至残酷地杀害了里克。

周襄王五年（前647），晋国发生饥荒，遂派人到秦求购粮食。秦穆公向臣下征询意见，秦大夫子桑和百里奚主张援晋。百里奚说，天灾流行，总会在各国交替发生。救援灾荒，周济邻国，这是正道。丕豹建议秦穆公乘机攻打晋，秦穆公认为，秦虽厌恶晋君，但晋国百姓并无罪过，应帮助他们渡过灾荒。于是，秦把粮食源源运至晋国。运粮的船队从秦都雍（今陕西凤翔县南）到晋都绛（今山西翼城县东南）接连不断，时人称之为"泛舟之役"。前646年，秦国发生大饥馑，于是向晋国乞援粮食。然而，晋惠公再一次以怨报德，不准向秦国出售粮食。晋惠公的这种顽劣品性，直接导致了秦晋韩原之战和晋文公的崛起。

春秋时代的建筑铜构件

用于横枋与墙柱相连接点上的铜构件或用于横枋中段及端部的铜装饰，在春秋时期已出现，类型丰富。在陕西凤翔春秋时秦国城内一宫殿建筑遗址附近的3个窖穴里发现了64件铜构件，有内转角，外转角，尽端和中段4种，还有小型转角和梯形截面。在横枋与墙柱相连接的转角处使用的铜构件是曲尺形，在横枋中段与端部使用的铜构件是矩形，铜构件安装于建筑物之后的看面都饰有蟠虺纹，除楔形和小拐角外，有花纹一面的尾部都有锯齿状尾，这些锯齿均经打磨，卯眼大部分有锉磨加工的痕迹。

铜构件在转角处起着提高建筑整体刚性的力学作用，同时又起着装饰作用，位于横枋中段及端部的铜构件，则纯起装饰作用。这种装饰作用对后期宫殿、寺院等高级建筑的木构装饰影响很大。后期的彩画，花纹突出的部位多设在构件交接处，明显地保持了这种金属饰件的意味。小型的转角构件，则是后期门窗隔扇看叶的原型。

另外一种用于建筑结构上较早的铜构件是铜柱锸，对木柱脚的防腐有极大好处。

春秋铜构件，是应用于建筑上比较早的、数量最多的金属，它为后期建筑上的门钉、铺首、看叶、铜铎的使用奠定了基础。

蟠螭纹铜建筑构件。秦都雍城遗址出土。从这些精美的铜建筑构件中，我们可以想见当年秦都宫城的巍峨壮观。

春
秋
五
霸
争
雄
天
下

春秋蟠虺纹楔形中空建筑构件

蟠虺纹曲尺形建筑构件

秦晋韩原之战

　　晋惠公之立，得力于秦，但他却恩将仇报。秦穆公夫人秦穆姬是晋惠公同父异母之姐，晋惠公自秦返晋时，秦穆姬将太子申生之妃贾君嘱托给他，又让他把流亡在外的晋公子都接回晋国。可是，晋惠公返国之后却与贾君同居，又不接纳群公子，秦穆姬很恼怒。晋惠公曾答应给秦的财物、土地和五座城邑，后来也食言不给。晋有饥荒，秦运去粟米；秦有饥荒，晋却拒秦人于境外。晋惠公的多恶使一向讲信义的秦穆公忍无可忍，决心惩诫他。周襄王七年（前645）秋，秦穆公率军伐晋。出发前，卜徒父占筮，得大吉大利之兆。秦、晋双方交战，晋军三次败北，退到韩地（今山西河津县东南）。晋惠公询问庆郑，如何对付秦军。庆郑认为这是惠公自己酿成的恶果，无法可想。晋惠公认为庆郑放肆无礼，在占卜选择车右武士时，尽管庆郑吉利，也不任用，而

让家仆徒充任，又让步扬驾御战车。晋惠公用郑国进献的小驷马驾车，这种马外强中干，进退旋转都不尽人意，庆郑劝他换掉，晋惠公不听劝告。此年九月，韩简侦察敌情后说，秦军人数虽比晋少，但勇于战斗的武士却超过晋一倍。晋惠公派韩简到秦军

春秋陶簋

约战，韩简预料晋军必败，故不愿从命。由此可见晋惠公深背民心。在秦国，由于秦穆公爱戴百姓、信守仁义，故深得民心。百姓闻知秦国将与晋国作战，纷纷踊跃报名参战。是年九月十四日，两军在韩原（今山西河津、稷山间），展开了决战。战争中，秦军一度处于劣势，秦穆公也被围困于晋军之中。这时，曾受恩于秦穆公的 300 名歧下野人（他们曾宰食了秦穆公丢失的良马，但秦穆公没有处治他们，而是将他们赦免了）冲锋陷阵，以自己的生命救出了秦穆公。后来，秦军就发起了反击。在秦军的顽强打击下，晋军节节败退。晋惠公的小驷马陷在烂泥中盘旋不出，向庆郑求救，庆郑深恨惠公不听劝告，违背卜兆，认为这是他咎由自取，根本不愿救他，惠公遂被秦军俘虏。

晋惠公被俘，举国哗然。同年十月，晋大夫瑕吕饴甥代表晋与秦穆公会见，并在王城（今陕西大荔县东）盟誓。秦穆公询问晋人意见是否一致。瑕吕饴甥说，晋国的小人以失去国君为耻辱，并且哀悼战死的亲属，所以立圉为国君，准备报仇。晋国君子爱护国君，而又知道他的罪过，所以等待秦国的决定，准备报答秦国的恩惠。因此，晋国内部的意见并不一致。秦穆公又询问晋人估

春秋原始瓷刻纹筒形罐

计晋惠公将被如何处置，瑕吕饴甥说，晋国的小人忧愁，认为他不会被赦免。晋国的君子宽慰，认为他一定回来。小人说：我们愧对秦国，秦国岂能让国君回来？君子说：我们已经知罪，秦国一定会以德报怨，让他回来。秦穆公说，晋国君子所言正是自己的愿望。王城之盟以后，秦

春秋云雷兽首方耳三足鼎

改变了晋惠公的待遇，让他住进宾馆，还馈送七副牛、羊、猪等食用物品。此年十一月，晋惠公返回晋国。

经过韩原之战，秦国的国威得到空前彰扬，秦国的国力得到大大加强，秦穆公的地位日益巩固和提高，一个称霸中原的秦国从此迅速崛起。

春秋云雷纹兽首提梁壶

640 ~ 631B.C.
春秋

639B.C. 周襄王十三年

宋襄公盟齐、楚之大夫于鹿上，欲继齐桓公称霸。秋，宋襄公会楚王、陈侯、蔡侯、郑伯、许男、曹伯于盂（亦作霍），楚执宋襄公以伐宋。

638B.C. 周襄王十四年

春，鲁伐邾，取须句。

夏，宋襄公率卫师、许师、滕师攻郑。十一月，宋与楚战于泓，宋襄公"不鼓不成列"，以为君子"不重伤，不禽二毛"，宋师大败，宋襄公伤股。

636B.C. 周襄王十六年

正月，秦穆公以师纳晋公子重耳于晋，杀怀公；重耳即位，是为晋文公。

周襄王绌狄后，狄人侵周，立王子带为王，襄王出居郑，告难于诸侯求救。

晋公子重耳流亡十九年，是年回晋。介之推独退隐绵山中，文公访寻不到。传说文公曾烧山逼其出仕，之推执意不出而被焚死，后人为表怀念，每年是日遂不举火，传为寒食之起源。

郑人有将聚鹬冠者，即以鹬（翠鸟）羽饰冠。春秋战国流行的冠式还有雄鸡冠、獬豸冠等。

635B.C. 周襄王十七年

三月，晋发兵救周，围温，四月纳襄王于王城，杀王子带。平周乱。

633B.C. 周襄王十九年

六月，齐孝公卒，开方杀孝公子而立桓公子潘，是为昭公。冬，楚与陈、蔡、郑、许围宋都，宋告急于晋。晋建立三军，阅兵于被庐，以郤縠为元帅。

632B.C. 周襄王二十年

春，晋攻曹、卫以救宋，楚救卫。三月，晋师、齐师、宋师、秦师与楚师、陈师、蔡师战于城濮，大败楚师，晋遂霸北方诸侯。

冬，晋会齐侯、鲁侯、宋公、蔡侯、郑伯、莒子、卫伯于践土，结为同盟，号称践土之盟，周襄王亦赴会。晋于三军之外，又立三行，合为六军，此为当时各国中最强大之军事编制。

632B.C.

希腊西隆成为雅典的僭主之企图遭遇失败。

泓水大战·宋襄公学霸不成

由于继位问题没有妥善解决，前643年齐桓公一死，齐国就发生了诸公子夺位之争。宋襄公支持太子昭，助他打败诸公子，夺取了君位。襄公勘平齐乱，遂萌称霸诸侯之心，欲乘中原无霸主之机登上霸主之位。周襄王十三年（前639）春，宋襄公与齐、楚两国代表在鹿上（今安徽阜阳市南）会盟，要求归附于楚的中原诸侯奉自己为盟主，楚人答应其要求。对此，鲁国臧文仲颇不以为然，认为，使自己的愿望服从别人才行，使别人服从自己的愿望很少能成功。宋国公子目夷认为，小国争当盟主是灾祸，宋国将因此而亡。宋襄公刚愎自用，固执己见，甚至与楚成王约定此年秋再次相会，并只乘坐国君的普通车辆而不带兵车前往。秋，楚成王召集宋、陈、蔡、郑、许、曹等国诸侯在盂（今河南睢县境）相会，宋襄公欲乘车前往，公子目夷进谏说，楚国兵力强盛而又不讲信义，还是带兵车前往为好。宋襄公认为，既已约定，就不要更改，遂乘车前往盂赴会。楚国果然埋伏兵车，并抓获宋襄公，兴师伐宋。冬，楚召集诸侯在薄（今河南商丘北）会盟，在会上将宋襄公释放。公子目夷认为，宋国祸殃并未完结，因为宋襄公并未因此而变得明智。

周襄王十四年（前638）夏，宋襄公率兵伐郑，楚派兵伐宋救郑，宋襄公准备作战，大司马固认为，上天早就丢弃了宋，复兴宋国就是违背天意，罪不可赦免。不如不与楚交战为好。十一月，宋襄公与楚军在泓水（今河南柘城县北）边上作战，是为泓水大战。宋军已经排成队列，楚军尚未全部渡河，司马建议乘此良机全线出击，宋襄公不答应。楚军过河尚未列好阵势时，司马再次请求下令攻击，宋襄公仍不答应。楚军列阵完毕，立即进攻宋军，宋军大败，宋襄公腿部受伤，宋军将领尽被歼灭。泓水之战以后，宋人都埋怨宋襄公。宋襄公却说，君子打仗时，不伤害伤员，不擒拿头发花白的人。古代作战时，不在险隘之地阻击，寡人虽然是殷商亡国的后裔，但也不进攻未列阵之敌。公子目夷认为，强敌因地形狭隘而未及列阵，正是天助神佑。即使是老者，该擒则擒，不必顾忌其头发是否花白。若爱惜敌人伤员而不再次伤害，则一开始就不应伤害他。郑文公夫人芈氏和姜氏在郑国的柯泽慰劳楚成王。楚成王派师缙把俘虏和被杀死的敌人左耳给她们看。楚成王还进入郑国接受享礼。主人敬酒九次，院中所陈礼品多达万件。宴请完毕，芈氏送楚成王回军营。楚成王回国时又带走两名郑国的美貌姬妾。次年夏，因伤势严重，宋襄公死。

宋襄公心比天高、智不逮愚夫，而尚一心遵崇故礼，十分迂腐可笑，他之称霸不成实乃事之必然，他之被传为笑柄亦实乃历史之必然。

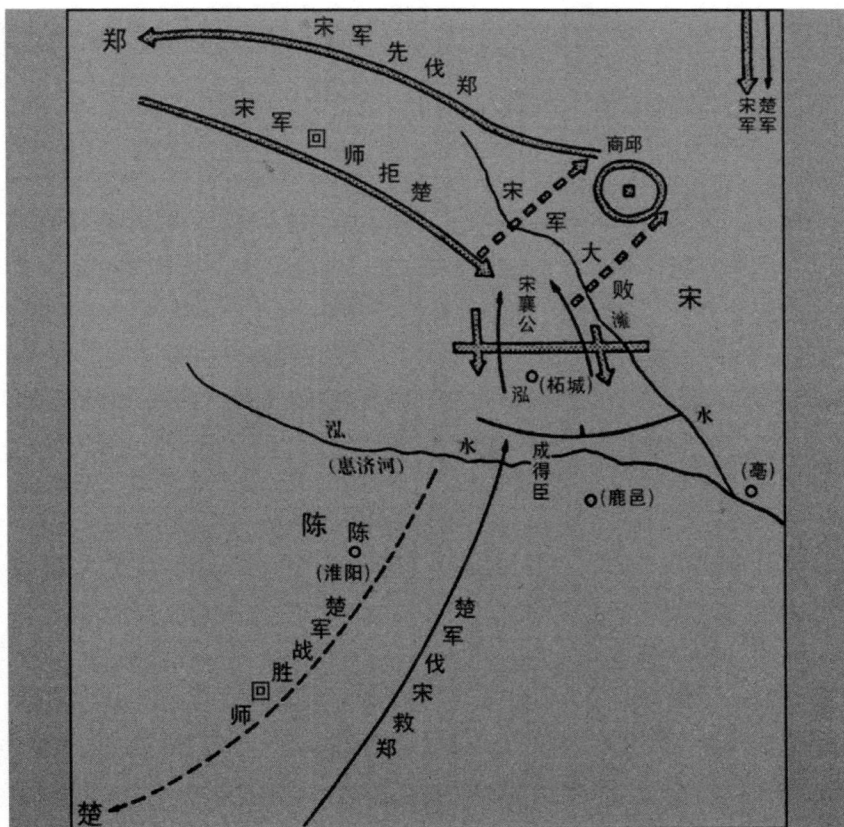

泓水之战作战经过示意图

《河广》

这是中国最早的抒情佳作之一。宋襄公母亲是卫国人，归宁于卫，这是母子思念的诗，是宋襄公所作（一说因为全诗是于卫思宋，应该是夫人所作）。

谁谓河广？一苇航之。谁谓宋远。跂予望之。

谁谓河广？曾不容刀！谁谓宋远，曾不崇朝。

宋与卫隔黄河相望，全诗以此为由，抒发思念之情：不要说黄河宽广，情思可以使它变得狭窄，乘一苇即可渡过，甚至连船都不需要。不要说宋国遥远，跂起脚跟就可以看到，一个早上就能到达。

鸟兽纹镜

子犯和钟

台湾故宫博物院收藏有 12 件编钟。经学者考订是属于晋文公之舅子犯所有。器物年代属春秋中期。这批钟可能出自山西闻喜，编钟当为 16 件，共两套。除这 12 件外，还有 3 件亦为台湾收藏家所获，而另一件则下落不明。据报道，故宫博物院所藏 12 件编钟体积大小不一，重量相次，全为甬钟，有铭文铸在钲间。当中较小的 8 件铭文两两重复，每件字数不等。其中有 4 件 22 字，2 件 12 字，6 件 10 字，共计 172 字，若单计相异铭文，实为 8 件 132 字，当属一套。这批钟当铸于晋文公五年五月丁未后返晋不久，确实年代为元前 632 年。钟铭上记载子犯协助晋文公复国称霸及晋楚城濮之战的史实。

钟铭说：这是周襄王（二十年）五月初吉丁未。（此前）子犯帮助晋文公返回晋国。楚国在京师不听周王命令，子犯与晋文公率领西来之六师迫伐楚荆。这次大胜堪称佳美，楚荆不仅丧亡其军队，且被晋军斩断首级。子犯协助晋文公，诸侯可以朝见周王。周王可以稳定其王位。周王赏赐子犯辂车、四马、黼纯、冠带。诸侯进献上等好铜于子犯之所，子犯用此做了谐和的编钟九堵，甚是美好硕大。声音和谐响亮，可用以平静安宁。用以祭享祖先，用以尽孝道用以祈求长寿，万年无疆，子孙永以为宝，用以欢乐。

公子重耳返晋为君

在周惠王二十一年（前 656）的骊姬之乱中，晋公子重耳败于晋惠公。第二年，他从蒲（今山西隰县西北）邑出逃，离开晋国，开始流亡生活。当时，跟随重耳的谋臣主要有狐偃、赵衰、颠颉、魏武子、司空季子等。重耳先到翟。翟人讨伐廧咎如（今河南安阳市西南），得叔隗、季隗两名女子，送给重耳。重耳娶季隗，生下伯倏、叔刘。重耳把叔隗给赵衰为妻，生下赵眉。重耳去齐国前对季隗说，等我25年，不回来再出嫁。重耳在狄居住凡12年。

周襄王八年（前644），惠公害怕重耳夺，派宦官勃鞮杀重耳，重耳又从翟国逃到齐国，齐桓公为他娶妻，给他80匹马。重耳安于齐国生活，随行者认为，长此以往，难成大业。他们来齐途经卫国，卫文公不以礼相待，经过五鹿（今河南濮阳南）时，无食充饥，向乡下人讨食，乡下人以土块相送，重耳发怒，要鞭打此人。子犯认为，这是上天赐土地之兆。重耳叩头接受，把土块装上车。

重耳的随从在桑树下商量如何离开齐国，被采桑养蚕的侍妾听到，告诉重耳在齐所娶的姜氏。姜氏杀死侍妾，以免走漏消息，并劝重耳离齐，认为留恋妻子、贪图安逸，将会败坏名声。重耳不肯，姜氏与子犯将重耳灌醉，然后送重耳离开齐国。

到达曹国时，曹共公听说重耳的肋骨排比很密，趁他洗澡时，在帘外偷看。曹大夫僖负羁听从其妻子之言，向重耳馈送食品，里面还藏有玉璧。重耳收下食品，退回玉璧。

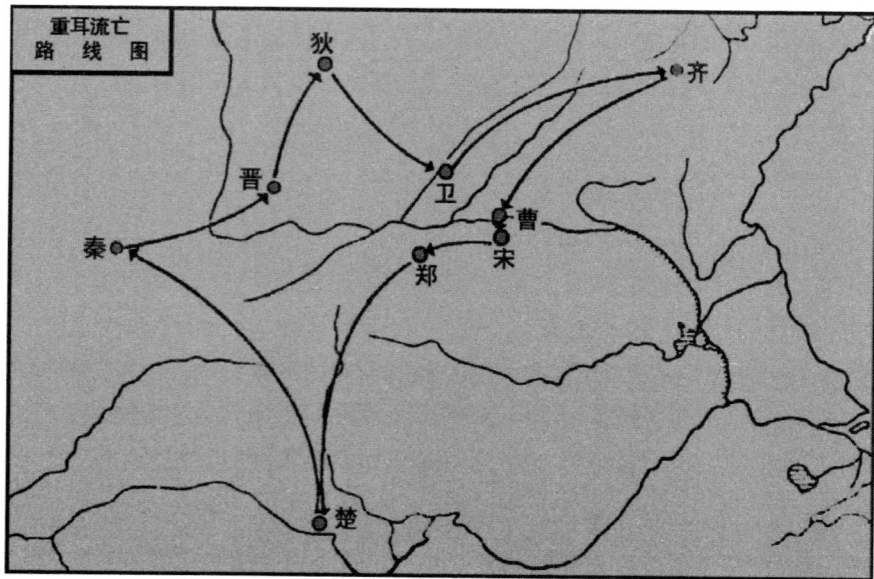

重耳流亡图

春秋五霸争雄天下

重耳到宋国，宋襄公宴请了他，并赠80匹马。到郑国，郑文公无礼相待。到楚国，楚成王宴飨他，并问如何报答。重耳推辞不过，便说，如果托您的福，得以返回晋国，一旦晋、楚两国交战，在中原相遇，我将命军队退避三舍。如果还得不到您的宽大，我就左手执鞭执弓，右边挂着弓袋箭袋，与您较量。重耳到秦国，秦穆公送给他五名女子。并设享礼招待。席间，重耳赋《河水》之诗，比喻重耳到秦，犹如河水朝宗于海。秦穆公赋《六月》之诗，暗喻重耳为晋君之后，必然称霸于诸侯并匡佐天子。赵衰急忙让重耳拜谢秦穆公的恩赐，秦穆公走下一级台阶辞谢。此时秦穆公已决定支持重耳返晋。

周襄王十六年（前636）春，秦穆公派兵护送晋公子重耳返晋。到达黄河时，子犯把玉璧还给重耳说，下臣背着马笼头、缰绳，跟随您巡行天下，罪过很多，请就此而别。重耳将玉璧投入大河，请河神为证，将来决不对子犯变心。渡过黄河以后，包围令狐（今山西临猗县西），进入桑泉（今山西临猗县临晋镇东北），占领臼衰（今山西解州西北）。此年二月，晋军驻扎在庐柳（今山西临猗县北）。秦穆公派遣公子絷到晋国军队里陈说利害。晋军退驻于郇（今山西临猗）。晋国大夫在郇与狐偃以及秦国大夫结盟，支持重耳。重耳便到晋军中指挥。进入曲沃（今山西闻喜县东）之后又到达晋国都城绛（今山西翼城县东南）。重耳在晋武公宗庙朝见群臣，其后，派人在高梁（今山西临汾市东北）杀晋怀公，重耳继位，是为晋文公。

晋文公即位后，原先支持晋惠公的吕、郤两家贵族害怕逼迫，准备焚烧宫室并将晋文公杀死。寺人披得知消息，请求进见。晋文公拒绝接见，并派人责备他：过去重耳住在蒲城（今山西隰县西北），国君命令你前往讨伐，让你次日到达，你却当天就到达。其后，重耳逃奔到翟，与翟君在渭水边打猎，你前往谋杀，惠公命你三天到达，你却两天就到。虽有君命在身，便也未免太快了吧？伐蒲时，被你砍掉的重耳衣袖还在，你还是走开了吧！寺人披回答说，臣下执行国君命令，一心一意除去国君所厌恶的人，现在您做国君，也会希望臣下这样。过去齐桓公曾把射钩之仇搁置一边，而让管仲辅助他。我可以离开，不过国君将要大难临头。晋文公认为他言之有理，便立即接见他，方知吕、郤两族作乱的阴谋。此年三月，晋文公和秦穆公在王城（今陕西大荔县东）秘密会见，商量对策。三月底，吕、郤两族焚烧宫室，但未找到晋文公。瑕甥和郤芮见势不妙，逃离晋都，到黄河边上，秦穆公把他们诱骗执获，

然后杀掉。晋文公迎接他在秦国娶的夫人嬴氏回晋，秦穆公送给晋国三千名
精悍卫士。

　　同时，晋文公既往不咎，接见了头须。头须是跟随晋文公管理财产的人，
晋文公逃亡在外时，他曾携带财物离之而去。周襄王十六年（前636）晋文公
返国之后，头须请求进见。晋文公责问他还有何面目进见，头须说，现在，
君主返国继位，与君主有宿怨者人人自危，而不愿事奉国君。下臣席卷财物
而逃之事尽人皆知，这罪过就是灭我十族也不过分。您若能赦免我的罪过并
和我同乘一车在都城行走，大家必定认为您不念旧怨，人心就可安定。晋文
公采纳头须建议，晋国民心迅速得以安定。晋文公的机智、勇敢与仁慈、宽
厚无不预示着他将成为中原霸主。

兽面纹陶范。山西侯马古代晋都遗址出土。

晋国铸铜用的陶范

范是铸造金属器物的空腔器。陶范用经过筛选的粘土和砂配制,高温焙烧,接近陶质。

山西侯马发掘晋国铸铜遗址多处,出土陶范达3万多块,包括礼器范、工具范、兵器范。这些范既能铸出精美的花纹,又有较高的强度,耐高温性能好。为使铸件光洁,还在范表面涂黑烟粉、细泥浆、滑石粉等。

用范组合成铸型进行浇铸的方法叫范铸法,春秋时期已有可重复使用的陶范。范铸法具有铸接、铸焊、铸镶等多种工艺型式。

晋文公安定周室始作霸主

子带是周惠王宠子,周襄王之弟。与戎、狄早有联系。周襄王三年(前649),他召集成周附近的戎人攻入王城,焚烧都城东门。次年秋,子带逃奔齐国。周襄王十四年(前638)秋,周大夫富辰建议周襄王将子带召回。子带遂返回京师,受封于甘(今河南洛阳市南)。子带回周以后,与狄女隗氏通奸,襄王遂废除隗氏的王后之位。当初受襄王指派,与狄人联系的周大夫颓叔和桃子,奉事子带攻打周襄王。周襄王侍卫准备抵御,襄王不允,自己离开成周,到达坎颓(今河南巩县东南)。但是,都城民众不答应,又将襄王接回。此年秋,颓叔和桃子奉事子带,领狄军进攻成周,周军大败,周公忌父、原伯、毛伯、富展等贵族大臣被俘。周襄王离开成周,逃到郑国的氾(今河南襄城县南)。子带和隗氏住在温(今河南温县西南)。冬,周襄王派使臣到鲁国报告祸难说,寡人缺乏德行,获罪于母亲的宠子子带。现在我僻处在氾地,谨以此报告。周襄王又派周大夫简师父、左鄢父分别到晋国、秦国报告,以争取其支援。

101

鲁僖公二十五年（前635）秦穆公率军驻扎在黄河边上，准备送周天子回朝。狐偃认为，晋要得到诸侯拥护，没有比勤王更见效的了。既可以得到诸侯信任，又合乎大义。继续晋文侯的事业，宣扬信义于诸侯，在于能否争得勤王首功。晋文公命卜偃占卜，得黄帝阪泉之战的吉兆；又命占筮，也是吉兆。于是晋文公辞退秦军，顺流而下。三月十九日，晋军驻扎在阳樊（今河南济源县东南），晋军右翼部队包围温，左翼部队迎接周

兽头陶范，山西侯马古代晋都遗址出土。这里出土有大量精美的铸铜陶范，证明这里曾大批铸造过青铜器。

襄王。四月初三，周襄王返归王城。然后，从温邑擒获子带，把他杀死在隰城（今河南武涉县境）。子带之乱至此以文公纳襄王结束。

周襄王十七年（前635）晋文公诛杀王子带，护送周襄王返回都城，勤王有功，周襄王设宴款待，并允许晋文公向自己敬酒。晋文公得寸进尺，请求襄王，自己死后能用天子葬礼用的隧道安葬。周襄王说，这是天子的典章。现在还没有人能取代周王室，使两个天子并存，那样也是您所不喜欢的。周襄王宁肯损失土地，也不愿损害周礼，他将阳樊、温、原、攒茅等地的田地赏赐给晋文公。晋人开始开辟南阳（今河阳新乡一带）的疆土。阳樊人不服，晋国军队将阳樊包围，阳樊人苍葛厉声说，德行用来安抚中原国家，刑罚用

来威慑四方夷狄。你们这样做，我们岂能降服？这里都是天子的亲戚，能像对待俘虏那样对待他们？晋文公听后，认为是君子之言，遂解除对阳樊的包围。国人闻知，亦深为感戴文公。

周襄王十九年（前633），楚国围攻宋国，晋文公攻打楚的卫星国曹、卫二国以救，晋楚爆发城濮之战。晋纠合宋、齐、秦等国的军队战胜楚国。战后，文公设立了他不能享有的三军，图谋称霸。第二年，晋大败楚国，晋文公将战俘及战利品献给周室，以求封赏。周天子派钦差大臣王子虎封晋文公为侯伯（诸侯首领），并赐给他侯伯应当享受的礼遇。晋文公欲擒故纵，再三辞谢，而后才叩首受封。周室为此还专门作了一篇《晋文侯命》以颂其功。文公受封之后，又增设了三军，公开僭越天子之位。晋文公自此开始了霸业。

春秋时期邾国盛而又衰

春秋时期强凌弱以大欺小，许多中小国家由附庸而至灭亡。但是，由于在国间的图霸争衡，互相制约，有些小国亦得以幸而保存，邾国的盛衰便是一则。

邾即后世所称之邹，为曹姓古国。春秋时期，邾为三等小国，其地在今山东邹县东南。春秋时期邾为鲁国之附庸，中原诸侯往往视之为蛮夷，参加盟会时没有"书爵"的资格。周僖王三年（前679），

邾公釛钟，春秋乐器。

103

者减钟，春秋乐器。

邾国的军队追随刚成为霸主的齐桓公的军队伐郱，此后才得以列爵于诸侯。

进入春秋中期后，邾之国势渐强。与鲁喜公同时在位的邾文公为政贤明，他和他的继任者邾定公力图摆脱为鲁附庸的地位，曾经大败鲁国军队。邾文公死时，鲁国使者吊丧不敬，邾竟代鲁讨罪。此后邾国依偎于齐鲁之间。

邾国最强盛的时期是在邾宣公与邾悼公时代，即约周灵王在位时期（前531～前545）。其后发生内乱，国势渐衰。至春秋时期，邾国接连受鲁侵伐，甚至国君被俘，几濒于亡。但是由于吴国和齐国对鲁的制约，终春秋之世，鲁国始终无法灭邾。

邾虽然受此强大的鲁、齐等国欺负，但同时也欺负比他更弱小的国家。鲁宣公时，邾国曾弑杀鲁附庸曾国的国君；鲁昭公时，他又差一点灭掉另一小国鄅。整个春秋时代的局势，就是在这种以大并小、弱肉强食的过程之中演变。

邾国的青铜彝器保存到后代的很多。传世名器有邾公经编钟，邾公华钟，邾公钰钟等等。

晋楚大战于城濮

周襄王十八年（前634），鲁僖公联合楚军伐齐，攻占齐国的谷（今山东东阿县境）地，楚派申叔率军帮助鲁国戍守谷地。

周襄王十九年（前633年）冬天，楚成王联合陈、蔡、郑、许等国军队围攻宋国。宋大夫公孙固到晋国求救。晋国君臣讨论对策。先轸认为当年晋文公流亡时，得到宋国的帮助，应该报答，而且救援患难，取得威望，成就霸业，在此一举。狐偃亦献一条拒楚救宋的策略，认为楚国刚刚得到曹国，又新近在卫国娶妻，如果攻打曹、卫两国，楚必定救援，那么宋、齐就可以免被楚攻。为增强军事力量，晋国在被庐阅兵，建立三军，并商量三军统帅人选。赵衰推荐郤縠，说他喜欢礼乐、重《诗》《书》，可以担任中军元帅。于是，晋文公任命郤縠为中军元帅，郤溱辅助他；任命狐偃率领上军，狐偃谦让给狐毛统率上军，自己辅助他；任命赵衰为卿，赵衰让给栾枝、先轸；

任命栾枝率领下军，先轸辅助他（次年二月，谷阝縠死，先轸担任中军元帅，胥臣接替先轸为下军辅佐）。

周襄王二十年（前632）春天，晋文公为攻打曹国而向卫国借路，卫国不许。于是晋军回师，从南河（今河南淇县南）渡过黄河，侵袭曹国，攻打卫国。

此年正月初九，晋军攻占五鹿（今河南濮阳南）之后，晋文公和齐昭公在敛盂（今河南濮阳东南）会盟，增强抗击楚国的力量。接着，晋文公率军围攻曹国都城，晋军死伤甚众。曹军把晋军尸体陈列在城墙上，晋文公担心会影响晋军士气，于是采纳士兵之谋，声称要在曹人的墓地宿营。曹人害怕晋军毁坏其祖先的墓地，便把晋军尸体装进棺材运出城外。晋军乘曹人恐惧之机攻城。此年三月初八，晋军进入曹国都城。此时，宋国派大夫门尹般到晋军中告急。晋文公思忖，宋国情况危急，如果坐视不救，那就会断绝与宋的交往；假若请楚国解除对宋国的包围，楚必不答应；想与楚打仗，但齐、秦两国又不支持，不知如何是好。先轸建议让宋国暂时丢开晋，去给齐、秦赠送财礼，让齐、秦去向楚国求情。晋可以逮住曹国国君，并且分曹、卫的田地给宋国。楚与曹、卫关系密切，必不答应齐、秦的请求；齐、秦喜欢宋国财礼，而对楚国的固执不满，如此，则双方必有一战。晋文公认为先轸言之有理，下令拘执曹国国君曹共公，并把曹、卫的田地分给宋人。

与此同时，楚成王亦担心伐宋会使楚、晋直接冲突。于是，楚成王由伐宋前线退居于楚国的申（今河南南阳）。他命令申叔离开谷地，让仍在伐宋前线的令尹子玉离开宋国撤回。楚成王认为《军志》所说"适可而止"、"知难而退"、"有德行的人不能抵挡"等三条，对楚国考虑晋国之事都很合适。但子玉不听楚成王之言，派伯棼请战。楚成王发怒，不肯多拨军队，只有西广、东广和若敖的180辆战车跟去。这个子玉是由前令尹子文推荐的，在前633年准备攻宋前夕的演习中颇有成绩，得到元老们的认可。但苪贾却说："子玉刚强而无礼，千万不能让他治理百姓。他若领兵打仗，率兵车超过300辆，恐怕就不能回来。"作战前，子玉派大夫宛春到晋军中说，若恢复卫侯的君位，并退还曹国土地，楚就解除对宋的围困。晋文公和臣下商量对策。狐偃认为子玉的要求太无礼。要求君主给予的是复卫封曹两项，给晋侯的只有解除围困一项。先轸主张答应子玉的要求，因为子玉的话可使卫、曹、宋三国安定，如果不答应，就会使三国怨恨晋国。先轸建议晋国私下答应复卫封曹，以离间他们与楚国的关系，再将宛春逮捕，以激怒楚国，等晋、楚交战之后再做下一步考虑。晋文公按此办理，果然激怒楚国。子玉率军追逐晋军。晋军撤退，军吏认为是以君避臣，是耻辱。但狐偃认为，晋文公在外流亡时受过楚的恩惠，否则今天到不了这里。晋军退避三舍，就是回报。晋军后撤90里以避楚军锋锐。子玉以为晋军畏楚而退，长驱直入，陷入不利地位。

周襄王二十年（前632）四月初一日，晋文公、宋成公、齐国大夫国归父和崔夭、秦穆公之子小子慭率领军队驻在城濮（今山东范县南），楚军则背着险要的丘陵扎营。初二日，晋军在莘北摆开阵势，胥臣让下军分别抵挡随楚而来的陈、蔡两国军队。楚军主将子玉十分傲慢，他依靠若敖的180辆战车而率领中军，子西率领左军，子上率领右军。战斗开始时，晋将胥臣把马蒙上老虎皮，先攻战斗力最弱的陈、蔡两军，两军奔逃，楚军右翼部队溃散。狐毛派出两队前军追击楚军溃兵。栾枝用战车拖着树枝，使灰尘飞扬，假装逃走。当楚军追击时，先轸、郤溱率领晋国中军的禁卫军拦腰袭击。狐毛、狐偃率领晋的上军夹攻子西，使楚的左翼部队溃散。楚军大败。子玉由于及早收兵，其直属部队才免于溃败。晋军在城濮休整三天，吃楚军留下的粮食，到此月初六日才凯旋回国。

至于楚军主将令尹子玉的结果城濮之战子玉失败后，欲率兵返楚，楚成王派人对他说，随同您出征的申（今河南南阳）、息（今河南息县）子弟大多伤亡，如果回来，您如何向申、息父老交代？子玉知楚成王之意是迫令自己自杀，便走到连穀自杀。

至此，晋国在城濮之战大获全胜，挫败了楚国的锐气，从此奠定了晋的霸主地位。

此战中晋军"退避三舍"、后发制人、由弱至强各个击破的作战指导和成功的外交配合，丰富和发展了中国古代的军事思想。

宋都城商丘古城城墙遗址

介之推隐居

　　周襄王十六年（前636）晋文公继位后，赏赐当年跟着他逃亡的人，介之推未开口，晋文公也未给他禄位。有人为介之推不平，介之推认为晋献公有九子，现在只有国君在世。晋惠公、怀公无亲近之人，内外都不依附于他们，而信赖文公。可见是上天立他为君，有些人却贪天之功以为己有，我岂能与他们相处？介之推之母也让他去求赏，介之推说，明知错误而去仿效，错误就会更大。我既不满那些人，就不会再像他们那样去讨俸禄。她希望介子推设法让文公知道此事，介之推说，言语是身体的文饰，如今我的身体将要隐藏，又怎用得着文饰？介之推与其母一同隐居到绵上（今山西介休县东南）山中。文公的随从人员对此事深为惋惜，便悬书于宫门，书说："龙想飞上天空，有五条蛇帮助它；而龙腾云驾雾后，却只有四条蛇各得其所，另一条蛇怨而不怒，最后隐遁而去。"文公见此书，使人召见介之推，但已不见，只知在绵上山中。晋文公遂将绵上之山与周围田地封给介之推，并将此山改称介山，以此记载自己的过失，并表彰介之推的高风亮节。又传说，晋文公见介之推隐居山中，即烧山逼他出仕，但介之推绝意仕途，遂抱树而死。文公为悼念他，禁止在介之推忌日（清明前一或二日）生火煮饭，只吃冷食。以后相沿成俗，遂称为寒食节。

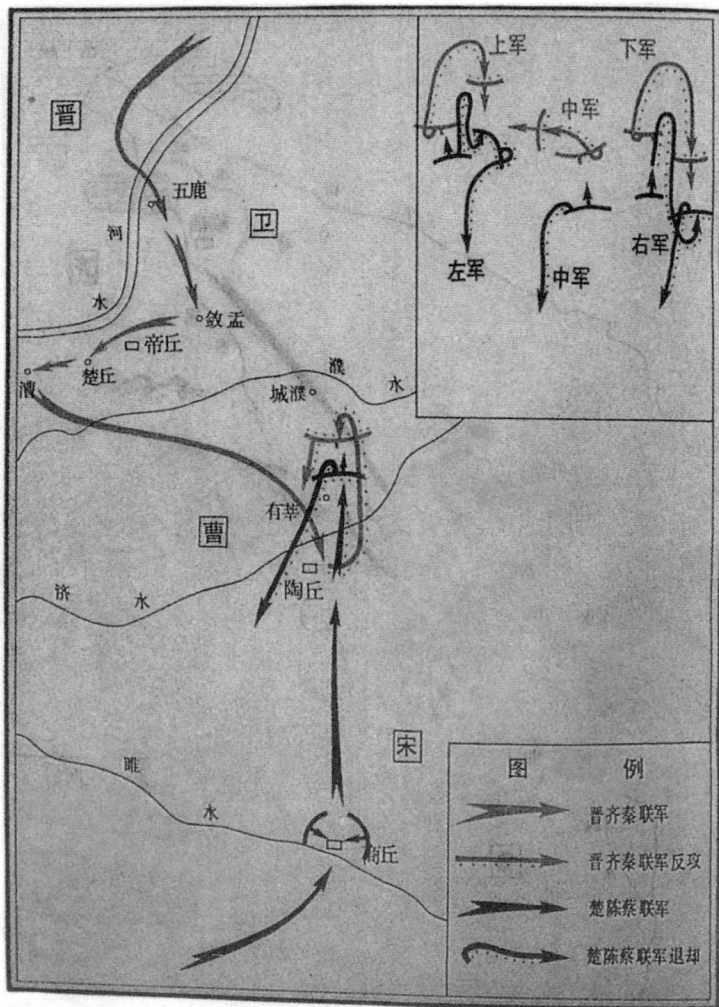

晋楚城濮之战作战经过示意图

春秋五霸争雄天下

镶嵌工艺广泛流行

　　镶嵌工艺，是在青铜器表面铸出浅槽形的图像，然后用异色金属或宝玉石镶嵌，制作成剪影式的图像。春秋中期开始，嵌红铜的器物较普遍使用，有些是透嵌的，从器壁两面都能看见，应该是在范铸时将预制的红铜纹饰铸入的。

镶嵌狩猎画像豆，春秋盛食器。

春秋晚期蔡侯墓所出土的 7 件镶嵌红铜纹饰的敦、豆、缶、方鉴、盘等器物，都是以龙纹与菱形纹相间排列的。

　　到战国以后，图形内容增繁，出现多层排列、人物众多的画面。这种图像装饰的青铜器以壶类为最多，还有鉴、豆等类器物，其代表性作品有故宫博物院所藏的宴乐渔猎攻战纹壶。湖北随县擂鼓墩出土的一批战国早期青铜器（入葬年代约为前 433 年）中，镶嵌工艺普遍运用，多有嵌有绿松石的龙纹豆。洛阳金村墓葬群出土的鼎、簋、敦、壶、皿等，错金银器居多，错金亦是镶嵌工艺之一种，其中还有更华丽的装饰，是在错金银的壶上加嵌琉璃，色彩斑斓，增加了富贵气息。河北唐山贾各庄出土的嵌红铜狩猎纹壶和山西浑源李峪出土的嵌红铜狩猎纹豆，都饰以狩猎纹，是这一时期的流行纹饰。

黄夫人豆，春秋前期盛食器。

镶嵌龙纹方豆，春秋盛食器。

630 ~ 611B.C.

春秋

628B.C. 周襄王二十四年

十二月，晋文公重耳卒，子襄公骓立。

627B.C. 周襄王二十五年

春，秦师将袭郑，至滑，郑商人弦高退秦师。

晋师败秦袭郑之师于郩，获秦三帅。

鲁僖公卒。僖公曾在泮水作泮宫，系鲁国学宫（学校）。

626B.C. 周襄王二十六年

楚成王欲废太子商臣而立王子职。冬，商臣与其师潘崇杀王而自立，是为穆王。

传成王死后，谥之"灵"，不瞑；改谥"成"乃瞑，是为谥法较具体之事例。

625B.C. 周襄王二十七年

六月，晋会鲁、宋、陈、郑之君于垂陇。

624B.C. 周襄王二十八年

四月，秦伐晋，渡黄河，取王官及郊，晋师不敢出，秦人封郩尸而去。

十二月，鲁文公朝晋，与晋结盟而还。

623B.C. 周襄王二十九年

秦穆公用戎臣由余之谋，攻戎王，灭国十二，开地千里，遂霸西戎；周襄王使召公过贺以金鼓十二。

621B.C. 周襄王三十一年

秦穆公任好卒，杀170人殉葬。

615B.C. 周顷王四年

十二月，晋人，秦人战于河曲，秦师败绩。

613B.C. 周顷王六年

周公阅与王孙苏争政，讼于晋，晋赵盾听讼，平周乱。

《春秋》载："秋七月，有星孛（慧星）入于北斗"，是为世界上最早的哈雷慧星记载，比西方早670多年。自此至清末二千余年，关于哈雷慧星记载共31次。

630B.C.

波斯教的创始人琐罗亚斯德（630 ~ 553B.C.）生。

624B.C.

米利都的希腊哲学家泰勒斯（624 ~ 545B.C.）生。

611B.C.

埃及第二十六王朝法老奈科即位。奈科凿运河，企图沟通红海与尼罗河，但未成功。

秦晋围郑·烛之武退秦师

　　周襄王二十二年（前630）九月，晋文公联合秦穆公率军包围郑国。晋军驻扎在函陵（今河南新郑县北），秦军驻扎在氾南（今河南中牟县南）。郑国大夫佚之狐见形势危急，便向郑文公建议，派烛之武去见秦穆公，敌军就一定会退走。烛之武推辞说，自己年富力强时，尚且不如别人，现在老了，更无能为力。郑文公说，我没能及早任用您，现在形势危急才来求您，这是寡人之过，请以国家安危为重而完成重托。烛之武这才答应，他乘黑夜用绳子从城上垂下来，

错银嵌绿松石铜方豆。河南汲县山彪镇出土的青铜盛食器。新石器时代有盛黍稷的陶豆，最早的铜豆见于商代。春秋战国时铜豆一般多为圆腹，方豆非常罕见。

进见秦穆公，说："秦、晋包围郑国，郑自知行将灭亡。如果郑灭亡而有利

113

于君主，那还值得劳动君主左右随从。然而，灭亡郑国只会给邻国增加土地，邻国强大，就是您的削弱，如果赦免郑国，让它做东道主，那么秦来往使节就会大大方便。再说，晋国的欲望很难满足。晋答应给秦国以焦（今河南三门峡市西）、瑕（今河南陕县南）两地，但转眼就不认帐。晋国已向东边的郑国开拓土地，又欲肆意开拓其西边之地。如果不损害秦国，它又如何西进？"秦穆公听后顿悟，于是与郑文公结盟，又派遣杞子、逢孙、杨孙等人在郑国戍守，然后撤军返归。晋军知道这件事后，狐偃请求攻击秦军，晋文公不允，认为若无秦的援助，晋就没有今天。靠了别人的力量反而去败坏他，就是不仁；失掉同盟国家，就是不智；用动乱代替整齐，就是不武。于是下令，撤军返归。

晋国青铜器

晋国的青铜器，在美术和工艺上一直是比较先进的。晋姜鼎，器主是晋文侯的夫人晋姜，作于晋昭侯在位时期（前745—前740）。此鼎附耳、浅腹、折沿，腹饰波曲纹，是典型的春秋初期的风格。侯马曾是春秋时晋国的都城，侯马上马村13号墓出土有

耶钟。春秋乐器。

大量精美的晋国青铜器，共出器物180多件，组合为鼎、鬲、甗、敦、簠、铈、方壶、鉴、盘、匜等，并有编钟及石质的编磬以及戈、矛等武器，多为春秋中、晚期之交的青铜器。侯马窑址出土陶范多达3万余块，是研究晋国青铜器器类、风格和工艺的重要材料。其中属于早期的陶范纹饰较简素，以平面的蟠螭纹、绚纹为主，与晋公盨上细密的平面蟠螭纹正相合。晋公盨作于前537年，代表了春秋晚期的风格。晚期的陶范多有浮雕状纹饰，有的非常复杂富丽，与相传出土于河南辉县的一对赵孟壶和一对智君子鉴上的纹饰风格相同。赵孟壶铭文记与吴王会于黄池，事在公元前482年。智君子鉴上的浮雕状纹饰比赵孟壶更为发达，时代当更晚，铭文

蟠龙纹方壶。春秋中期文物，山西省侯马市上马村出土。侯马曾是春秋时晋国都城，出土有大量精美的青铜器。

中的"智君子"可能就是公元前453年被韩、赵、魏所灭的智氏末一代智瑶。因此，这种浮雕状纹饰当起于前500年左右的春秋末期，盛行于战国前期。

115

晋国青铜器铸作工艺在春秋列国中居有领先地位，侯马出土的陶范上的嵌错图象和浮雕状纹饰，显示了晋国青铜器铸作工艺的先进。

晋文公去世

晋文公，名重耳，晋献公子，母为狄族狐氏之女，有贤行。周惠王二十二年（前655）因骊姬之乱，出奔至狄，后又辗转齐、曹、宋、郑、楚、秦等国，在外颠沛流离达19年，直至周襄王十六年（前636），秦穆公发兵助重耳归晋为君。

晋文公即位以后，内平吕郤之乱，修改政策，施惠百姓，增长国力。外谋霸权。晋文公元年秋天，狄与王子带攻周襄王，襄王逃氾（今河南襄城南），襄王十七年（前635）四月，晋文公收留周襄王，杀王子带，襄王归周。襄王赐宝器、土地予文公，以其为方伯。晋文公四年（前633），楚成王及诸侯围宋，宋有德于晋文公，晋伐卫、曹以解宋围，宋围得解，后又设计使卫、曹背楚，楚将子玉盛怒之下，不听楚成王言，率兵击晋师，四月，晋、宋、齐、秦合兵于城濮大败楚军。五月，晋献楚俘于周，周天子命晋侯为伯，作《晋文侯命》，晋文公正式称霸于诸侯。周襄王二十年（前632）冬天，晋文公会诸侯于温（今河南温县西），又派人召周襄王至河阳（今河南孟县）。随后文公率诸侯朝见襄王，在践土会盟（今河南厚阳西南）。晋文公以诸侯召襄王，是对周王室的大不敬，但也表明晋文公的霸业达到前所未有的地步，晋文公在成就霸业的同时，开始报复流亡期间待之无礼的诸侯国，晋文公五年（前632），晋伐卫，分其地予宋。同年，晋伐曹，俘虏曹共公。晋文公七年（前630）九月，晋国联合秦国，举兵伐郑，晋文公强迫郑国立公子兰为太子才退兵。在经济上，晋国向各小国征收贡赋，而且贪求无厌。

晋文公在位9年，于前628年去世，年70。晋文公在短时间内成就霸业，联秦抑楚，要挟周天子，其辉煌性胜于齐桓公。但晋文公不像齐桓公以德服人，建设性也不如齐桓公。

箕之战

周襄王二十五年（前627）秋，狄人进攻晋国。此年八月，晋襄公率晋军在箕（今山西蒲县东北）打败狄人。晋将先轸在此之前的殽阝之战后，听晋襄公说已释放孟明视等三位秦军主将，大怒而道，武人以性命在战场上逮住俘虏，女人在国都中说几句话就可使之获释，这是毁伤战果而长敌人志气，晋国简直要灭亡了。晋襄公派阳处父追秦军三主将而未得。在箕之战中，先轸悔恨自己在晋襄公面前的无礼举动，说道，一个普通人在国君面前图一时之快而没有受到惩罚，现在岂敢自己也不惩罚自己！于是便脱下头盔冲入狄人军队，死于阵中。狄人将先轸头颅送回晋军，其面色犹如活人。

秦晋失和·大战于殽

周襄王二十五年（前627）四月，晋国与姜戎合攻秦师，战于殽（今河南洛宁县西北），秦师大败。二十八年（前624），秦军渡河攻晋，取晋城邑，至殽山而还。

周襄王十六年（前636），秦穆公派兵帮助晋公子重耳归国为君，穆公的本意是想扩大秦国的势力和影响。但是，晋文公迅速站稳脚跟，成就霸业，反使秦穆公的努力相形失色，成为晋文公图霸事业的配角。在晋文公时代，秦、晋的关系大体处于友好状态。

晋文公在位九年，于前628年冬去世，晋人为文公服丧。在此同时，秦穆公不听蹇叔之言，派百里奚之子孟明视、蹇叔之子西乞术、白乙丙带兵袭郑。蹇叔哭着为儿子送行，说道晋国人必定在殽伏击秦军，我等着去收你的

函谷关，郁函地区重要关口。

尸骨吧。事情进程果如蹇叔所料，秦军偷袭郑国不成，班师西归。晋国众大夫讨论是否袭击秦军，先轸认为，秦国不听蹇叔之言，由于贪婪而劳动百姓，此乃天赐良机，一定要截击秦军。栾枝则说，晋尚未报答恩施却以武力先攻，将愧对先君。先轸反驳说，秦不为新逝的晋君丧事悲伤，反而攻打晋的同姓国，就是无礼。为子孙后代打算，也不能放走秦军。新继位的晋襄公于是决定发布命令，与姜戎联合发兵攻击秦师于郁，大败秦军，秦军三大将领孟明视、西乞术、白乙丙皆被俘。晋襄公母亲文嬴是秦国人，郁之战后，她请求襄公将孟明视等三位主将释放回国。

周襄王二十七年（前625），秦穆公再派孟明视率师攻晋，以报郁之役的惨败。晋襄公亲自率军迎战，而以先且居为主将，两军激战于彭衙（今陕西澄县西北），秦军又败。主将孟明视战败仍受秦穆公信任，让他主持秦国军政。次年，秦军第三次伐晋，由秦穆公亲自率领，孟明视为主帅，渡河以后焚烧渡船，以示必死之决心。秦军取晋王官（今山西闻喜西），晋军坚守不敢出来迎战。秦军又渡茅津（今平陆茅津渡）至郩，埋葬郩之役秦军尸骨而还。

　　晋文公去世以后，晋国势已过鼎盛时期，而秦穆公励精图治，渐有压倒晋国之势。但晋国依然有着相当实力，始终都是春秋时期的一流大国。而秦自秦穆公去世后，国势长期不振，对晋战争胜少败多。因此秦国在春秋数百年间，有时颇为强大，但其基本努力始终局限于函郩以西。

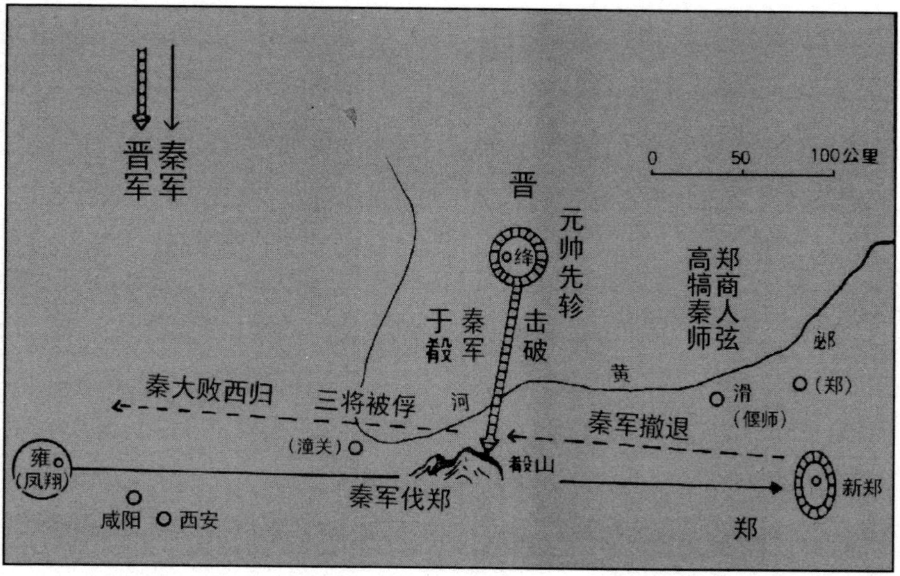

秦晋郩之战作战经过示意图

119

秦师袭郑·弦高退敌

春
秋
五
霸
争
雄
天
下

周襄王二十四年（前 628）冬天，杞桓公派人告诉秦国：郑国让我掌管郑都北门的钥匙，如秦军前来偷袭，郑都必为秦得。杞桓公为前 630 年秦军从郑国退兵时留下帮郑国戍守的三将之一。秦穆公征求蹇叔的意见，蹇叔认为，军队远行千里，有谁会不知道？以疲劳的军队去袭远方有准备的敌人，这样的行动必然失败。秦穆公不听蹇叔的劝告，派孟明视、西乞术、白乙丙率军远袭郑国。秦军过成周以后，到达滑（今河南偃师县境）国。郑国商人弦高正赶往成周做贩牛生意，恰遇秦军，弦高见来者不善，急中生智，将自己的 12 头牛全部送给秦军。对秦军说，我国国君知道秦军准备行军经过敝邑，特派我来犒赏贵军，我国虽然贫乏，但已为你们做好一切准备。弦高一面巧言应付秦军，一面派奚施急速返回郑国报告。郑穆公察破杞桓公的企图，派皇武子辞退杞桓公一伙。秦军主帅孟明视见弦高犒师，以为郑国早有准备，突袭计划已破产，若围攻郑国又无后援，于是秦军回师，顺道灭滑国而西归。郑国得以无恙，郑穆公以保存郑国之功赏赐弦高，弦高辞谢。

秦穆公厉精图治称霸西戎

秦穆公礼贤下士，千方百计罗致人才。百里奚本虞国大夫，虞败而被囚于楚，穆公知其贤而设法将他赎出，并授以国政；由余乃晋人，亡入戎，穆公知由余贤，设计使他弃戎入秦事穆公。

秦国在建国以后的 50 多年中，疆域始终局限于歧西之地。其后，宪公和德公两次迁都，疆土迅速扩大，一直至于雍（今陕西凤翔）。至宣公时，影响已及黄河西岸。秦穆公好胜图强，甫即位即致力拓展疆土，扩大势力。即位之初，他就讨伐茅津（位于今山西、陕西交界一带）之戎，灭掉梁、茹等小国，同时，他又助晋惠公返晋得位（前650）。中期，他以武力将陆浑之戎迁至伊州，将其原居地瓜州一带并入秦土，使其疆域及于黄河以西。这期间，他又以武力送公子重耳返晋（前636）即位为晋文公，进一步扩大了秦在晋的影响。

春秋时期桑蚕纹尊，敞口，束颈，腹下部鼓出，圈足较高。颈部饰三角变形云纹和锯齿状纹。腹部饰四片桑叶，桑叶上布满蠕动着的小蚕，圈足上有锯齿状纹。口沿布满两个或三个一组头竖立着的幼蚕，形象十分生动。此尊应是春秋时期越人的制品。

121

自得百里奚、由余等贤臣相助，秦穆公更是四处扩张。周襄王二十八年（前624），秦穆公以孟明视为统帅攻打晋国，以报殽之战（前627）之仇。孟明视因为屡战屡败，幸得穆公信赖才再度领军，故他率军渡黄河时，烧掉渡船，决心死战以报君恩。两军相交，秦军攻取晋国之王官（今山西闻喜县西），并推近到晋都郊野。

晋军坚守不出，秦军从茅津（今山西平陆县境）渡过黄河到殽（今河南洛宁县西北），为殽之战中死亡的秦军将士尸骨封土并树立标记，然后率军返秦。次年，穆公用由余之计，选送16名女乐给西戎王，戎王沉溺女乐，国政自衰。秦乘机攻伐西戎，大获全胜，将西戎十二国并入秦土，增加了纵深千里的土地。周襄王得知，派吕公过恭贺穆公，授之以铜鼓。秦遂称霸西戎。

赵盾主持晋国

晋国素以中军统帅兼秉国政。周襄王三十一年（前621）春，晋阅兵于夷之后，赵盾以中军统帅身分执掌晋国政权，狐射姑辅佐他。赵盾制定章程，修订法令，清理诉讼，督察逃亡，使用契约，革除弊政，恢复等级，重建官职，选拔贤能。政令法规规定后，赵盾把它交给太傅阳处父和太师贾佗，作为常规大法在晋国推行。

赵盾主政不久，周襄王三十一年（前621）八月十四日，晋襄公死，太子夷皋尚在襁褓之中。晋人因发生祸难之故，要立年长的国君。赵盾认为，应立公子雍。他好善而且年长，先君宠爱他，还为秦国所亲近。秦是晋国旧好，结交秦可安定晋国，缓解祸难。狐射姑主张立公子乐，公子乐之母受到怀公、文公两位国君宠幸，立其子，百姓必然安定。赵盾认为，公子乐之母辰嬴地位低贱，位次第九，其子必无威严。一妇而为两位国君所宠幸，这便是淫荡，公子乐居于小而远的陈国，这是鄙陋。公子雍之母杜祁由于国君的缘故，让位给逼姞而使她在上；由于狄人的缘故，让位给季隗而自己居她之下，所以位次第四。先君因此喜欢其子，让他在秦国出仕，做到亚卿。秦国大而近，有事足以救援，母有道义，子为先君喜欢，足以威临百姓。所以，立公子雍

鎛镈。镈钮作相对双龙形，龙间又有双凤。枚形如覆帽。篆间及隧部均饰状若浪
花的变形蟠虺纹。铭文计 174 字。器主据铭文是齐国名臣鲍叔后裔。

最合适。赵盾派先蔑、士会到秦国迎接公子雍返晋。狐射姑也派人到陈国召回公子乐，赵盾派人在郫（今河南济源县西）地将公子乐杀死。次年夏，秦康公给公子雍许多步兵卫士，送他返晋。此时，太子夷皋之母穆嬴每天抱太子于朝啼哭，指责赵盾背弃先君托孤之心。赵盾和众大夫都怕穆嬴，遂背弃前往秦国迎接公子雍的先蔑，而立太子夷皋为君，即晋灵公。然后发兵抵御护送公子雍返晋的秦军。晋国让箕郑留守，由赵盾率领中军，先克为辅佐；荀林父为上军辅佐；先蔑率领下军，先都为辅佐。步招为赵盾驾御战车，戎津为车右武士。晋军到达堇阴（今山西临猗县东），赵盾整顿军队，快速行动，在令狐（今山西临猗县西）打败秦军。晋灵公的地位由此得到稳固。

为进一步巩固晋灵公的地位，赵盾还竭力争取诸侯的支持。周襄王三十二年（前620）秋，赵盾与齐、宋、卫、陈、郑、许、曹等国之君会盟于扈（郑地，今河南原阳西）。赵盾为主盟。此次会盟，既加强了晋君的地位，也开了大夫主盟诸侯的先河。赵盾执国政期间，维护了晋国在中原的霸主地位。在晋襄公死后（在位七年）。赵盾立太子夷皋为晋灵公，并因此与秦会战连年（前619～前615）。周顷王六年（前613）六月，赵盾召集宋、鲁、陈、卫、郑、许、曹等诸侯会盟于新城（今河南商丘市西南），原来依附楚的陈、郑、宋三国改服于晋。同年春周顷王去世，子班即位，即是匡王，周公阅、王孙苏两卿士争着执政。争执持续到秋天，两人各不相让，于是让作为侯伯的晋来裁断。赵盾听了两人的申辩后为他们作了调解，两人和好。此后前613～前610几年间，晋国屡次以盟主身分会集诸侯，晋国的霸主地位在赵盾及六大夫的主持下得以保持，并成为与楚国对抗的中原核心力量。

齝 镈

齝又名齐子中姜镈、齐侯镈、子仲姜镈、齐镈。传 1870 年山西省荣河县后土祠旁出土。铭 18 行 174 字，重文二，合文一。高 67、舞纵 30.5、舞横 37.5、鼓间 34.6、铣间 44 厘米。

铭文大意是鲍叔牙之孙、迩仲之子齝作子中姜乐器，用来祈求侯氏福泽万年。齝用此器享祀追孝于曾祖圣叔、曾祖母圣姜、祖父又成惠叔、祖母又成惠姜与父考仲和母妣；齝用此器保估兄弟长生不死，严正地以节制为仪法，保佑子孙。鲍叔牙在齐国建有功劳，齐侯赏赐食邑 299 邑和在郡地的民人及采地。齐侯郑重地告诉他：“子孙万代，享之不渝。”

这是鲍叔牙的孙子齝所作的器。鲍叔牙死后，鲍氏在齐国长期为望族。

楚庄王一鸣惊人

周顷王五年（前 614）楚穆王死，其子旅继位，是为楚庄王。楚庄王即位的头几年，对国事不闻不问，日夜于宫中饮酒嬉戏，并下令：有敢谏劝者斩。但他其实并非庸主，不过是在待机而动。大臣申无宇讽喻他说：“楚国的山上有一只大鸟，一连 3 年不飞不叫，这是一只什么鸟呢？”楚庄王回答说：“三年不飞，一飞冲天，三年不鸣，一鸣惊人。我懂得你的意思了。”其后大臣苏从又谏。庄王眼见有不少人支持他，于是一改过去的做法，罢歌舞，亲政事，任用贤臣伍学、苏从，诛杀奸佞，选拔良才，国人大悦。周匡王二年（前 611），楚庄王开始听政。周匡王五年（前 608），楚庄王亲率大军伐陈、宋，与晋师战于北林（今河南新郑），虏晋大夫解扬，晋师败还。随后，楚庄王灭舒、伐陈、破郑、败晋，成了霸业。

伯乐识马

伯乐，春秋秦穆公时人，姓孙名阳，又称孙阳伯乐。

伯乐善相马，当时人即以神话中掌管天马的星名伯乐来称呼他。凡伯乐相中的马，都属上乘，价格极高。

伯乐从长期的相马实践中得出识马理论："相千里马必须得其精而记其粗，在其内而忘其外。"伯乐识马注重实质，反对虚表，后人遂有"千里马常有，而伯乐不常有"的感叹。

秦穆公卒

秦穆公姓嬴，名任好，秦成公之弟。成公四年（前660）成公卒，穆公立。穆公扩地益国，东服强晋，西霸戎夷。周襄王三十一年（前621），秦穆公去世，葬于雍（今陕西凤翔南）。下葬时，以人殉葬，从葬者多达170人，陪葬者有一般的人，也有贤良之臣，子车氏之三子奄息、仲行和铖虎都在其中。秦人对穆公之死非常哀痛，赋《黄鸟》（见《诗·秦风》）之诗以寄托哀思。穆公太子立，是为康公。

中国首次记载哈雷彗星

　　中国古代对彗星的观测历史悠久，并做有详细记录。对于大彗星的出现，更引起注意。据《春秋》载，鲁文公十四年（前613年）"秋七月，有星孛（彗星）入于北斗"。这是世界上最早的关于哈雷彗星的记载，比西方早670多年。此后，从秦王政七年到清宣统二年（前240—1910年）的两千多年间，哈雷彗星29次回归，中国都作了记录（有说共记录31次）。这些不间断的记录对现代研究哈雷彗星的轨迹变化提供了宝贵资料。

秦公镈，春秋前期乐器。共三枚，为一编。

蟠螭龟鱼纹方盘，春秋后期盥洗器。此盘铸造精良，形体较大，造型设计和装饰均具有较高水平。

蟠螭龟纹方盘局部

蟠螭纹贯耳壶。盖面饰蟠螭纹，缀以浮雕龙面，中心有一小钮，缘饰蟠螭纹。腹饰蟠螭纹，其间也缀有倒置的龙面，并以很细的索纹作为界框。腹中央有两卧牛，后有立鸟、伏虎，均是浮雕状。肩侧双贯耳，耳下有浮雕兽形。

铜金银铜鼎，战国烹饪器。圆腹，三足，双耳，腹上带嘴。整个器形在圆中变化，浑然一体。鼎身各部嵌金银图案，华贵富丽。

秦晋会战连年

　　周襄王三十一年（前621），晋襄公去世。太子夷皋年幼。赵盾想立襄公弟弟雍，立雍可以亲秦，便派随会到秦接雍回国。但之后赵盾又改变主意，立太子夷皋，这就是晋灵公。前620年，赵盾率兵抵挡秦国送雍回国的军队，在令狐（今山西临猗西南）大败秦军。随会于是逃到秦国。前619年，秦为报令狐一役之仇，攻占了晋国武城（今陕西华县东北）。晋也不甘示弱，前616年，攻占了秦国少梁（今陕西韩城南）。前614年，秦又攻占了晋国羁马（今山西永济南）。晋失羁马，晋灵公大怒，派赵盾、赵穿、郤缺进攻秦国。秦、晋大战于河曲（今山西风陵渡一带），晋军打败。晋输掉这场仗后，晋国的人怕随会在秦作乱，就派魏雠馀假装反晋降秦，秦国派随会去迎接魏雠馀。于是随会反被魏雠馀抓拿回国。这样，因赵盾立国君而起的秦晋连年会战，终于告一段落。

春秋秦国镂空透雕
蟠虺纹玉佩

131

错金工艺

　　错金是中国传统的金属表面装饰方法，是把黄金锤锻成金丝、金片，镶嵌在金属器物表面，构成各种花纹、图像、文字。

　　春秋中期偏晚的时候，青铜器上错金的技艺开始出现。这种技术是南北

错金豆。此豆错金纹饰颇为华美。盖顶有捉手，器两侧为环耳，短校。盖顶均饰错金变形夔纹。足上饰错金垂叶纹，缘以斜角云纹。

同时采用的，晋国的栾书缶有错金花纹，器面上还有错金铭文40字，堪称这一先进工艺的代表作。

错金装饰不只用于当时尚有遗留的传统花纹，有些青铜器上，铭文也被视作装饰内容而用错金手法来表现。

到了战国时期，错金工艺水平更加提高。

洛阳金村出土的错金银礼器，特别引人注目，器物有鼎、簋、敦、壶、皿等种类，都满施错金银的云形花纹，黄白相间，异常绚丽可喜。这一类云形纹盛行自战国中期，后来演变成延长宛转的云气纹，反映出一种新的意识和风尚，与神仙思想的流行有关。

河北平山中山王墓墓葬年代约公元前308年左右，出土的错金银器较多，其中最精巧的首推一件龙凤方案。案面下有四鹿承托一圈，上面立有四龙四凤，互相交错，极见匠心。

错金工艺的出现，增加了富贵气息，为青铜器的装饰增添了一种新的手法。

春秋五霸争雄天下

610 ~ 596B.C.

春秋

609B.C. 周匡王四年

十月，鲁大夫襄仲杀太子恶立文公庶子俀（亦作倭），是为宣公。

607B.C. 周匡王六年

九月，晋赵穿杀灵公，迎公子黑臀于周而立之，是为成公。

606B.C. 周定王元年

春，楚侵陆浑之戎，遂至雒，问九鼎之轻重，有灭周之意。

602B.C. 周定王五年

黄河改道，按关于黄河改道之记载，以此为最古。

599B.C. 周定王八年

五月，陈夏征舒杀陈灵公，自立为陈侯，陈大乱。

598B.C. 周定王九年

十月，楚王乘陈乱入陈，杀夏征舒，灭陈以为县；旋又立陈太子午，是为成公。

楚庄王十六年，著名建筑家、水利家、令尹芳艾猎（即孙叔敖）主持筑沂。相传芍坡水利工程亦其主持。

597B.C. 周定王十年

六月，楚围郑，晋荀林父率师与楚战于邲（今河南开封），晋师败绩。

596B.C. 周定王十一年

冬，晋以邲之败，归罪于先縠，杀之，尽灭其族，晋政日紊。

605B.C.

亚述亡。其雕刻浮雕艺术显受埃及影响，但有些方面，实超过埃及。

604B.C.

迦勒底王尼布甲尼撒二世即位（前604~前561）。他修建宫殿庙宇于巴比伦城，以建筑宏伟、雕刻富丽称著。其屋顶花园被称为"悬园"，为古代奇观之一。

600B.C.

古代著名女抒情诗人萨福约此时著作于雷斯保斯城邦。

599B.C.

墨西哥玛雅文明诞生（1956年用放射性碳素测定）。

"希腊七贤"时期（泰勒斯、庇达卡斯、拜阿斯、梭伦、克利奥布拉斯、柏立安德、开伦）。

赵穿弑晋灵公·董狐书法不隐

晋灵公是暴虐之君。他向民众厚敛赋税，铺张地用税收来彩画墙壁。晋灵公从高台上用弹丸打人，看人们躲避弹丸，以此作乐。厨子烧煮熊掌不熟，被晋灵公杀死，放在畚箕里，让女人用头顶着走过朝廷。赵盾和士会看到，问知杀人的缘故，感到担心，准备进谏。士会对赵盾说："您若劝谏不成，就没有人接着劝谏了。不如我先去，您再接着劝谏。"士会进谏多次，晋灵公口是心非，并不改正。赵盾又屡次进谏，晋灵公很讨厌，派遣钼去刺杀赵盾。某日清晨，赵盾卧室之门已经打开，赵盾穿戴整齐，正打算入朝。因为时间还早，所以他正端坐闭目养神。钼见状，叹气道："不忘恭敬，真是百姓的主人。刺杀百姓的主人，就是不忠；放弃国君的命令，就是不信。两者必取其一，不如一死了之。"于是便撞在槐树上死去。

周匡王六年（前607）九月，晋灵公请赵盾喝酒，埋伏下甲士，打算杀赵盾。赵盾的车右武士提弥明觉察后，快步登上殿堂说道："臣下侍奉国君饮酒，超过三杯，就不合礼仪了。"于是扶赵盾下殿。晋灵公嗾使恶狗猛扑赵盾，提弥明上前搏斗，将恶狗杀死。赵盾说："丢开人而利用狗，虽然凶猛，又有什么用！"边斗边退出去。晋灵公的卫兵灵辄受过赵盾的恩惠，见赵盾危急，便倒过戟来抵御晋灵公的其他禁卫兵，使赵盾免于祸乱。九月二十三日，赵盾的弟弟赵穿在桃园杀死晋灵公。此时，赵盾正欲逃往别国，尚未走出国境，听到晋灵公的死讯，便回国都重登卿位。

赵盾复位，派赵穿迎晋襄公之弟黑臀于周而立之，是为成公。晋太史董狐将此事记录下来，写上："赵盾弑其君。"赵盾对董狐说："弑君是赵穿，我无罪。"董狐却说："你身为正卿，亡不越境，反不讨贼，不是你是谁呢？"孔子知道此事后，赞董狐为"古之良史也，书法不隐"，又称赵盾为"古之良大夫也，为法受恶"。董狐对我国史学秉公直书的传统影响颇大。

晋成公元年，晋成公赐赵氏为公族。自此以后，晋国的政权逐渐下移，由卿大夫专国政。

弩出现

弩是由弓发展而来的射远兵器，由弓、木质弩臂和铜弩机三部分组成：弓横装在弩臂前端，弩机装于弩臂后部；弩臂用以承弓、撑弦，并供使用者托持。弩机用以扣弦、发射。由于弩将张弦装箭和纵弦发射分解为两个动作，射手无须在用力张弦的同时瞄准，命中率比弓大为提高。而且弩可以用足踏张弦，故能够比弓射得更远，在步兵野战布阵、设伏和防御作战中，弩能发挥良好的作用。

春秋晚期，实战中开始用弩，战国时期，弩被大量使用。前341年，马陵之战中，孙膑就是以弩兵伏击歼灭了庞涓率领的魏军。战国以后，弩续有发展，东汉时有腰引弩，三国时期有诸葛亮改制的连射弩。南北朝以后，骑兵大规模驰骋战场，弩不便在马背上使用，逐渐衰落。

山东武梁祠足蹬弩施放图

弩机，以机械力发射箭的远射装置。1952年湖南长沙出土。

楚庄王问鼎中原

　　周匡王五年（前608）秋天，楚庄王以陈、宋叛楚附晋为由，率军伐陈、宋。晋国知道消息，亦出兵。晋赵盾率军与宋、陈、卫、曹的军队在林（今河南新郑北）会合，准备讨伐郑以救陈、宋。楚芳贾率军救郑。两军在北林（今河南郑州市东南）相遇，双方展开大战。结果，楚军战胜晋军，晋大夫解扬被俘。

　　周定王元年（前606）春，楚庄王率军讨伐陆浑之戎（今河南嵩县及伊川县境），到达雒水，在周朝境内陈兵示威。周定王派大夫王孙满慰劳楚庄王。楚庄王问起九鼎的大小轻重。王孙满回答说："鼎的大小轻重在于德而不在于鼎本身。从前，夏朝正是有德的时候，把远方之物画成图像，让九州之长进贡青铜，铸造九鼎，并把图像铸在鼎上。所以，各种东西都具备在上面，便于让百姓认识神物和恶物。因此，百姓进入川泽、山林，就不会碰上螭魅魍魉等鬼怪。夏桀昏乱，鼎就迁到了商，前后六百年。商纣王暴虐，鼎又迁到了周。德行如果美善光明，鼎虽然小，也是重的。如果奸邪昏乱，鼎就是很大，也还是轻的。上天赐福给明德的人，都有一定期限。周成王把九鼎定在郏鄏，占卜的结果是传世三十代，享国七百年。这是上天之命。周朝的德行虽然衰减，但天命并未改变。鼎的轻重，是不能询问的。"楚庄王听了王孙满的一番言语，知道周在诸侯中还有相当影响，所以不敢轻率攻周，于是引兵返归。

鼎是古代国家权力的象征，楚庄王问鼎，有取代周室之意，"问鼎中原"成语源于此。

历史上黄河第一次大改道

周定王五年（前602），黄河第一次大改道，这是黄河改道最早的记载。

以前，冀中地区甚少人居住，黄河于国于民都没什么大害。春秋以后，人烟渐增，黄河泛滥之时对人危害极大，因此改道的意义甚大。

黄河原从今河南武陟东北流到浚县西，折北流至河北平乡北，向东北流，分为"九河"（意指多股河流），最北一支为干流，在今天津南入海，即所谓"禹贡河"。改道后自今河南滑县附近向东，至河南濮阳西，转而北上，在山东冠县北，折向东流，到茌平以北，折而北流，经德州，渐向东北，经河北沧州，东北流至原河口以南，在今黄骅以北出海。

黄河是中国第二大河，汉以前称"河"，汉始称"黄河"。黄河是中华民族的摇篮，南宋以前，黄河流域一直是中国政治、经济、文化的中心。

黄河的洪水灾害闻名于世，中原地区受害最大，一年中的四个汛期常发生洪水泛滥，成为历代河祸之始。

夏徵舒杀陈灵公·楚定陈乱

周定王七年（前600），陈灵公与陈大夫孔宁、仪行父都与陈大夫御叔之妻夏姬通奸，泄冶劝谏灵公，灵公不听，告诉了孔宁、仪行父两人，两人于是杀掉了泄冶。

周定王八年（前599），陈灵公、孔宁、仪行父三人在夏氏家饮酒。灵公对二大夫说："夏姬的儿子夏徵舒似你们。"二大夫亦开玩笑说："他也似大王您。"夏徵舒听了很愤怒，等陈灵公出门后用箭射死他，杀了陈灵公，自立为君。孔宁、仪行父逃往楚，灵公太子午逃往晋。

周定王九年（前598）冬，楚庄王以陈灵公被夏氏所杀为理由，率军攻打陈国。楚庄王声明只是讨伐夏氏，陈国人不必惊慌。楚军进入陈国后，杀死夏徵舒，在陈国都城的栗门将其车裂，并把陈变为楚国的一个县。楚国大夫申叔时正出使齐国，返国之后，向楚庄王复命完毕便退下。楚庄王派人责备他说："夏徵舒无道，杀陈灵公，寡人伐陈，将他诛戮，诸侯和县公都庆贺寡人，你独独不庆贺，是何缘故？"申叔时说："夏徵舒杀死国君，罪恶很大，讨伐并加诛戮，是君王所当为。俗话说：'牵牛践踏别人田地，就把他的牛夺过来。'牵牛践踏别人田地，诚然错误；但夺走他的牛，则未免太过分。诸侯跟从君王，是为讨伐有罪。如今设陈为县，就是贪图其富有。用伐罪召唤诸侯，而以贪婪结束，就很不应该。"楚庄王听了后重新封立陈国。并迎立灵公太子午，是为成公。

孔子知道此事后，赞扬楚庄王轻千乘之国而重一言，表现了楚庄王的大度。

邵王簋。春秋盛食器。

楚灭若敖氏

　　若敖是楚武王之祖，其后人以若敖为氏，称为若敖氏。当初，司马子良和令尹子文都是若敖氏后代。子良生了个儿子叫越椒，子良的哥哥子文让他杀越椒，因为子文认为这孩子有熊虎之貌、豺狼之声。俗话说"狼子野心"，他分明是一条狼，断然不能养着。但子良不同意。子文十分担心，临死前聚集族人说："如果越椒一旦执政，你们就快走！不要遭到祸乱。"同时哭着说："鬼尚且要求吃东西，若敖氏将要灭绝，若敖氏的鬼将无人祭祀而要挨饿了！"子文死后，越椒为司马，芳贾为工正，斗般为令尹。芳贾诬陷斗般并杀死他，越椒继任为令尹，芳贾任司马。越椒讨厌芳贾，便率领若敖氏的族人把芳贾囚禁在樑阳（今湖北江陵县境），并杀了他。越椒率人驻扎在烝野（今河南新野县境），打算攻打楚庄王。楚庄王把三代楚王的子孙作为人质，想与越椒讲和，遭到越椒的拒绝。于是，楚庄王在漳澨（今湖北荆门县西）集结军队。周定王二年（前605）七月九日，楚庄王率军和若敖氏在皋浒（今湖北襄阳县西）作战。越椒用箭射楚庄王，箭飞过车辕，穿过鼓架，射在铜钲上。又射一箭，飞过车辕，直透过车盖。楚国士兵很害怕，开始后退。楚庄王急忙派人在军中高喊："我们的先君楚文王攻克息国，得到三支利箭，越椒偷去两枝，他已经全用完。"军士听后方才放心。楚庄王下令击鼓进军，经过激战，消灭了若敖氏。

楚庄王破郑

周定王九年（前598）春，楚庄王率军攻郑，到达郑国的栎（今河南禹县）邑。郑国子良建议郑由服晋改为从楚，他说："晋、楚不致力于德行而用武力争夺，我们靠拢打来者就行。晋、楚都没有信用，我们哪能有信用？"于是郑国转而跟从楚国。此年夏，楚庄王召集郑襄公、陈成公会盟于辰陵（今河南淮阳县西），郑、陈表示依附于楚国。后来，郑又与晋结盟。

周定王十年（前597）春，楚庄王以郑有二心为由，率军攻郑。楚军包围郑都，历时三月之久，终于破城。楚军从都城的皇门进入，到达大路上。只见郑襄公袒衣露体，牵着羊迎接楚庄王。郑襄公说："我不能奉承天意，不能事奉君王，使您带着怒气来到敝邑，这是我的罪过，岂敢不唯命是听？要把我俘虏到江南，放在海边，悉听吩咐；要灭亡郑国，分割郑地以赐诸侯，让郑国人为臣妾，也悉听吩咐。如果您顾念旧好而不灭敝邑，使敝邑等同于楚国诸县，这是您的恩惠，也是我的愿望。请君主考虑。"楚庄王左右随从主张拒绝其请求。楚庄王认为，郑君能自下于人，必然能取信和使用百姓，因此郑国还有希望。于是，楚庄王命令楚军后撤30里，允许郑国媾和。楚国潘尪进入郑国结盟，郑国子良到楚国为人质。

国差𦉢

春秋时期齐顷公时之盛物器具。铭文 10 行 52 字，重文二。高 34.6 厘米，口径 24.6 厘米。

铭文大意是：国差掌职任事之年的咸月丁亥日，工师倠铸作西城宝𦉢，铸器用粟四秉。用来装美酒，使𦉢中的酒又美又清，侯氏无病无惊。齐国谧静安宁，子子孙孙永远相传。

国差即国佐，相当于宰相，立事即掌职任事。这是工匠为国君所作的器。

国差𦉢铭文

楚艺人优孟

优孟是楚庄王时乐人，身高八尺，善于讽谏。宰相孙叔敖知道他品德很好，甚为器重。孙叔敖病危时嘱其子日后穷困时可去找优孟帮助。后来，孙叔敖儿子果然穷得以打柴为生，便把孙叔敖临终之言相告。优孟答应想办法。于是他穿戴起孙叔敖的衣冠，模仿孙叔敖的言谈动作，经过一年多的练习，装扮得很像。一次楚庄王宴会，优孟上前敬酒，庄王猛吃一惊，以为孙叔敖复活，立刻请他当宰相。优孟表示须和妻子商量。三天后，优孟答复庄王说："我妻子认为楚国的宰相不值得去做，像孙叔敖那样忠心廉洁地治理国家，使楚国称霸天下，可是死后其子却穷得没有立锥之地，像这样还不如自杀。"

镶嵌龙纹钵。春秋中期。有盖，椭圆口，鼓腹，平底。通体镶嵌红铜龙纹和半环形纹。

蔡太史铫，春秋盛酒器，椭圆体，侈口，鼓腹，平足。腹部两侧有耳，一侧为牛首衔环，一侧为环耳。环耳两侧有铭文五行十八字，记蔡太史作铫。

蔡太史铫铭文

富子上官登。通体素面，原应有带捉手的盖。铭文共 22 字。青铜器自名登的很少见。此器据铭文属于"富子之上官"，上官是管理饮食的官府机构。

然后还唱了一支歌，意思是做贪官要犯罪，做清官又要受穷，还是不为官的好。庄王听了，承认自己处事失当，随即把孙叔敖的儿子召来，赐予土地和奴仆。后人常以优孟作为古优的一个代表，并将他的故事，概括为一句成语：优孟衣冠，意即装扮古人以为表演，或引申为演戏，比喻演员表演逼真的赞语。

优孟能逼真地装扮一个人物，说明具有一定的表演艺术才能，是史载最早的演员。

镂空蟠虺俎，春秋切肉食案。俎面中部略窄并下凹，俎下四足，呈口形。俎面和四足均饰蟠虺纹。

耦耕逐渐消失

　　耦耕是战国之前普遍实行的以两人协作为特征的耕作方法。当时因生产工具、技术较为落后，许多生产活动均非一人所能独立完成，故需协力合作。古书中有关于耦耕的明确记载，如《诗经》中有西周时往往"千耦其耘"、"十千维耦"。《国语·吴语》说："譬如农夫作耦，以刈杀四方之蓬蒿。"这些记载说明耦耕在农田劳动中的重要性。《论语·微子》："长沮、桀溺耦而耕"，表明春秋末年尚保留耦耕。

　　由于各种农田劳动都要求协作，就需要在劳动之前对劳动力加以组合，一般是在岁末由官吏来主其事，《吕氏春秋·季冬纪》载有："命司农计耦耕事"。

　　战国时因生产力的提高，牛耕方式逐渐推广，耦耕不复存在。

楚晋会战于邲

　　周定王十年（前 597）春，楚庄王率军攻克郑国，郑襄公投降。六月，晋军出发救郑。晋军到达黄河岸边时，听说郑已与楚媾和，中军统帅荀林父想率晋军还归，但副帅先縠认为，晋国所以称霸，全靠军队勇敢、臣下尽力。现在因不敢作战而失去诸侯拥护，就不能说是尽力；有了敌人而不去迎战，不可以说是勇敢。听到敌人强大就退却，决非大丈夫之作为。先縠不待命令，独自带着中军渡过黄河。下军大夫荀首见状，十分忧虑，认为过河的军队太危险。司马韩厥也对荀林父说："尽管是先縠擅自率军渡河，您作为军队最高统帅，军队不听命令，您的罪责也不小。失去属国、丢掉军队，作为罪过已经太重，不如干脆进军。作战如果不能得胜，责任可以大家分担。与其一人担当罪责，不如六人共同担当。"荀林父听从韩厥建议，于是全部晋军都渡过黄河。

　　楚庄王攻郑获胜后率军从郑国北进，到达邲（今河南郑州市北）地驻扎。

他们打算在黄河饮马以后就回国。听说晋国援郑之军已经渡过黄河，楚庄王想要回去，令尹孙叔敖也不想与晋军交战，但楚王宠臣伍参却想要作战。孙叔敖说："往年进入陈国，今年进入郑国，并非无仗可打。现在如果硬打，又不能得胜，伍参之肉够大家分食吗？"伍参说："如果作战得胜，就说明孙叔敖没有谋略。假若不能得胜，那么我伍参的肉将在晋军之手，哪能吃得上？"

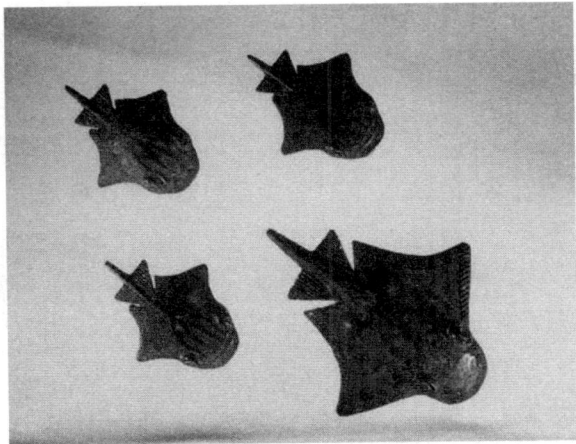

鳄鱼形马饰，春秋马饰件。饰件作鳄鱼形，扁口，比目，短身，细尾。大者为当卢，反面有两桥形钮。小者为节约，有十字形钮，以备穿带。均出土于北方少数民族石椁墓，在青铜马饰中为仅见。

伍参又对楚庄王说："晋国参政的是新人，不能行使命令。晋军主帅的副手先縠愎不仁，不肯听从命令。他们的三军统帅，想要专权行事而不能办到，想要听从命令而没有上级，晋军必败无疑。您作为楚国君王而逃避晋军臣下，楚国如何能忍受此等耻辱？"楚庄王于是改变主意，让令尹孙叔敖掉转车头，楚军驻扎在管（今河南郑州市境）地，等待形势变化。

晋军渡过黄河，驻扎在敖、鄗两山之间（今河南荥阳县北）。中军副帅先縠、中军大夫赵括、下军大夫赵同主战，下军统帅赵朔、将领栾书、大夫荀首主和，由于三军统帅之间意见分歧，晋军举棋不定。楚国方面，许伯、乐伯、摄叔决定单车向晋军挑战。许伯说："我听说单车挑战时，御者疾驰而使旌旗偃倒，迫近敌营，然后回来。"乐伯说："我听说单车挑战，车右用利箭射敌，代替御者执掌马缰，御者下车整齐马匹，整理好马脖上的皮带，然后回来。"摄叔说："我听说单车挑战，车右进入敌营，杀死敌人，折取左耳，抓住俘虏，然后回来。"三人同乘一辆战车到晋军挑战，各自按其所说办完之后，胜利而回。晋军追赶他们，左右两角夹攻。乐伯左边射马，右边射人，使两角不能前进。最后，只剩下一只箭，有麋出现在车前，乐伯一箭射中麋。乐伯让摄叔拿着

149

麇对追赶来的晋军将领鲍癸说："由于今年还不到时令，应当奉献的禽兽没有来，所以谨把这口麇奉献给您的随从作为膳食。"鲍癸阻止部下不再追赶，说道："他们的车左善于射箭，车右善于辞令，都是君子啊！"于是乐伯等人免于被俘而返归楚军营地。

晋国方面，魏锜因曾请求做公族大夫未成而怀恨在心，故而想让晋军大败。魏锜请求单车向楚军挑战，没有得到允许，请求出使楚军，得到允许。他到楚军之后，请战而归。晋国赵旃因请求做卿未成而不满，请求领兵挑战，未获准，又请求召楚人前来结盟，被允许。赵旃在夜里到楚军之前，铺开席子坐在军门之外，公然挑战楚军。六月，晋、楚两军在邲（今河南荥阳东北）作战。楚庄王乘坐指挥车追赶在楚军驻地门外的赵旃，赵旃弃车跑进树林。晋军派战车接应魏锜和赵旃。楚将潘党远望飞腾的尘土，立刻报告晋军将来攻击，楚人害怕楚庄王进入晋国军阵被俘，急忙出兵列阵迎战。令尹孙叔敖鼓励楚军前进："宁可我们迫近敌人，不要让敌人迫近我们！"于是楚军快速前进，战车骤驰，士卒奔跑，掩袭晋军。晋军统帅荀林父不知所措，在军中击鼓宣布撤退，并命令先渡河者有赏！晋中军、下军争相上船，先上船的人用刀砍攀船舷人的手指，落在船中的手指多得可以用手捧起来。晋上军统帅士会在邲之战以前，派巩朔、韩穿率领七队伏兵埋伏在敖山（今河南荥阳县北）之前，所以上军不溃败，在士会指挥下有次序地后撤。经过一天交战，到黄昏时，楚军驻扎在邲地。晋国剩余的士兵已经溃不成军，夜里渡河，喧闹不已，直至天明。

楚军取得邲之战胜利后，潘党建议建筑武军以收取晋人尸体作为京观，表彰武功以志纪念。楚庄王认为武功是用来禁止强暴、消弭战争、安定百姓、丰富财物的。武，就是制止战争，现在让两国士兵暴露尸骨；夸耀武力以使诸侯畏惧，就不能消弭战争。还是修建先君的神庙，报告战争胜利后就告结束，武功不是自己的功业。古代圣明的君王征伐对上不恭敬的国家，抓住罪魁祸首杀掉埋葬，作为一次大杀戮，才有了京观，以惩戒罪恶。现在并不能确指晋国的罪过，而士卒都是尽忠于国君之命而死，难道能建造京观吗？于是楚庄王命令在黄河边上祭祀河神，修建先君神庙，报告邲之战胜利，然后回国。楚庄王的霸权由此而建立。